謹以此書祝賀

鮑會園牧師八十大壽之喜

聖經通識叢書

風起雲湧的初代教會

使徒行傳析讀

張達民、黃錫木 著

基道出版社

▼

聖經通識叢書

風起雲湧的初代教會

使徒行傳析讀

Rediscovering the Bible
Book of Acts

作者
張達民 Cheung, Alex T.M.、黃錫木 Wong, Simon S.M.

系列編委
張達民、張略、孫寶玲、黃錫木

審閱
黃鳳賢

執行編輯
許寶瑩、羅慧琪

內文設計
莫可雅

封面設計
胡立強

■

出版／發行
基道出版社
香港沙田火炭坳背灣街 26 號富騰工業中心 10 樓 1011 室
LOGOS PUBLISHERS
Unit 1011, 10/F., Fo Tan Ind. Centre, 26 Au Pui Wan St., Shatin, Hong Kong
電話：(852) 2687-0331　傳真：(852) 2687-0281
網址：http://www.logos.com.hk

承印
陽光(彩美)印刷有限公司

●

版權所有 · 請勿翻印
© 2002 基道文字事工有限公司
11/2002 初版 4/2004 二版
Cat. No. LP143-2C
ISBN-10: 962-457-222-4
ISBN-13: 978-962-457-222-3
© 2002 by Logos Ministries Limited

ALL RIGHTS RESERVED
Printed in Hong Kong

經文取自《現代中文譯本修訂版》(1995)，版權為聯合聖經公會所有，承蒙版權代理香港聖經公會允許使用。

刷次	14	13	12	11	10	9	8	7	6	
年份	2029	2028	2027	2026	2025	2024	2023	2022	2021	2020

聖經書卷析讀

「聖經書卷析讀」是「聖經通識叢書」的進深課程，以本叢書之「聖經書卷要領」為基礎，進深分析每本聖經書卷的內容和信息。傳統註釋書縱使包含豐富的釋經資料，但其可讀性非常低，只能作參考之用。「聖經書卷析讀」各冊的內容既反映個別學者嚴謹的學術研究，又務求深入淺出地解釋每卷書的每一段經文；此外，各書依然保留本叢書的特色：活潑和生動。

為更配合內文的討論，避免花不必要的篇幅討論翻譯等問題，這叢書所引用的聖經譯文全取自《現代中文譯本修訂版》（聯合聖經公會，1995；以下簡稱《現修》）。《現修》的翻譯不一定比教會傳統採用的《和合本》更好，然而，相對於《和合本》而言，《現修》的確是用普羅大眾較易明白的現代漢語寫成，而且大致上能夠頗為準確地表達經文的意思。不過，在《現修》與其他主要譯本有顯著出入的地方，本書都會有特別註明，並內文中常附有《和合本》或其他譯本的經文，以作比較。此外，在處理一些關鍵性的經文翻譯時，我們都會扼要地討論原文的意思，讓讀者無論使用甚麼譯本，都能對經文有準確的理解。

「聖經書卷析讀」的讀者若能先閱讀有關書卷的「聖經書卷要領」，以及《聖經鳥瞰——基礎篇》和《聖經鳥瞰——進深篇》，自然更能循序進入「聖經書卷析讀」較深入的討論；當然，本課程各冊亦可獨立使用，供資深信徒作研經材料。簡言之，「聖經書卷析讀」的對象是信主已有一段日子，對聖經有基本認識的基督徒，適合主日學和查經班使用。

「聖經通識叢書」的特色是要兼顧學術研究的精確和執著，與教會信徒的生活實踐，因此，每冊所討論的內容務求達到學術上的嚴謹，又以平易、通達的詞句表達。我們的目的，是要建立一個真正能夠反映聖經學術研究的普及聖經文化，讓信徒和教會可以享受歷代教會先賢和當今學者努力鑽研的成果，更勇敢地面對聖經研究在21世紀學術上的新發現和新理論，從而培養對追求聖經真理的認真和熱誠，並能在真理的基礎上對自己的信仰有更深層和謙卑的反省。

從不敢面對新的真理的懦弱，
從滿足於對真理一知半解的懶惰，
從自以為通曉一切真理的驕傲，
噢，真理之主，拯救我們！

—— 古代禱文

序言

耶穌在世短短3年多的公開傳道工作，開展了一個改變了人類歷史的宗教運動。雖然載錄耶穌言行的福音書是在耶穌死後數十年才面世，但期間出現的有關耶穌的教導和事蹟的記載，已促進了初代教會(primitive church)的傳福音和植堂工作。

這段初代教會時期對後世基督教信仰的發展有很深遠的影響。從歷史角度來看，猶太教可謂是初代基督教會的搖籃。初代教會的主要成員都是十足十的猶太人，其中包括十二使徒和初代教會的領袖，而他們所相信的救主耶穌基督也是猶太人。認識這猶太背景對了解基督教的成形非常重要，亦因為這背景，我們的聖經不僅有新約部分，也有舊約部分(即猶太人聖經)。然而，對於初代教會而言，這猶太背景卻又成為福音廣傳外邦的障礙。

究竟基督教如何在猶太教的孕育下，卻又漸漸擺脱猶太教的影子，而變成一個普世性的信仰呢？這個過程可不簡單！爭拗，甚至分裂，是在所難免的；初代教會若沒有跨越這些障礙，今天所有非猶太裔的基督徒都必須接受猶太教的割禮，和嚴守猶太教種種潔淨的禮法才可以得救。在新約聖經中，使徒行傳對這個過渡時期所發生的事有非常詳盡的描述。書中以初代教會兩位核心人物為代表，即堪稱十二使徒之首的彼得和那稱為外邦人使徒(即專職於服事非猶太人)的保羅，透過他們廣傳福音的事蹟，刻劃了基督教信仰如何從一個猶太教的分支變成一個普世性的信仰。

與《使徒行傳與保羅書信要領》有別，本書只集中研讀使徒行傳，詳細討論書中的內容、主題和所涉及的歷史背景問題。全書共分為11章，首章是使徒行傳的導論，其中特別包括「如何閱讀這卷書」一節，讓讀者對使徒行傳的一些釋經問題先有一點了解，以便掌握研讀這卷書的釋經原則，而「路加期望提阿非羅知道……」一節則對使徒行傳的寫作目的作深入的剖析。至於第二至十一章則按使徒行傳的內容大綱歸為5篇，順次解釋各段經文，其中包括不少專題討論，更能深化全書的內容信息。

本書是由兩位聖經學者合著的，雖然各自的背景不同，連身處的地域也相距甚遠(互聯網的貢獻實在不少)，但均抱著相同的理想，就是要把聖經研究的心得深入淺出地貢獻教會，讓信徒能更深入地了解聖經的信息。至於我們是如何合著的(是一人一筆？一人一章？還是……)，這將會是本書留給讀者的一個謎，由得讀者自己去推敲吧！但我們可以肯定地說：整個過程非常順利，二人不但在寫作上獲益良多，亦成為好友；在上帝的帶領下，人能放下自己的執著，合作是可以的、美好的。

本書出版之時，正值鮑會園牧師八十大壽之喜。鮑牧師數十年來四處為主奔波，對華人教會的貢獻是有目共睹的。鮑牧師不單在華人神學教育的發展上辛苦耕耘，默默地做了開墾的工作，更時常對兩位筆者提攜鼓勵。他那僕人的愛心，和那揉合了學術和生命的事奉，是我們這些後輩學者的榜樣。我們謹以此書為鮑牧師賀壽，祈願父神保守他的健康，賜他更多力量，藉著他的生命和事奉，多多造福這一代和下一代的華人教會。

張達民、黃錫木

目錄

專欄目錄

第一章

使徒行傳導論

- 本書的主題和結構
- 路加期望提阿非羅知道……
- 如何閱讀這卷書
- 參考註釋書

拉丁文 Actus Apostolorum 意即'acts of the apostles'。

「使徒行傳」或英文的*Acts of the Apostles*，源於這書在拉丁文《武加大聖經》(*Vulgate*)的標題***Actus Apostolorum***。但事實上，使徒行傳並非記述每個使徒的事蹟，而書中的一些重要人物，如司提反和腓利，也不是十二使徒中的人。因此，嚴格來說，這書乃旨在記載聖靈在初代教會的工作，怪不得有些早期教會的領袖索性稱這書為「聖靈行傳」。

由於使徒行傳的成書年期應較路加福音為晚，所以不少人相信使徒行傳的成書年期應介乎公元80至90年間，但也有人認為它是公元60年的作品。

使徒行傳的作者在書首清楚指出：

> 在我所寫的第一部書裏，我已經把耶穌的一切事蹟和教導，從他開始工作到他被接升天那日，都敍述過了。在升天以前，他藉著聖靈的力量給自己所選召的使徒許多指示。(一1～2)

毫無疑問，「第一部書」就是指新約的第三卷福音書——路加福音。兩卷書不單出自同一位作者，即保羅的好友路加醫生，原本亦是為同一位讀者而寫的，即那有「大人」(《和合本》路一1)專稱的提阿非羅。

路加生平

關於路加的生平，全本新約聖經只有歌羅西書四章14節提供路加生平的資料(另參提後四11；門24)：路加是個醫生，也是一個外邦信徒。除此以外，早期教會也為我們存留了一些寶貴的資料。

公元4世紀教父耶柔米，是古代最出色的聖經學者之一，曾把全本聖經翻譯成拉丁文。他在路加福音的序言中很清楚地介紹路加：

> 路加——生於安提阿的敍利亞人，以行醫為業——是使徒保羅的門徒，一直跟隨保羅，直到保羅為主殉道。從未娶妻，無兒無女，年滿七十四歲時於庇推尼【Bithynia】離世，死時有聖靈充滿在他身上。

耶柔米在《論名人》一書中又這樣的記載：

> 路加的骸骨在康士坦丁十二年，與使徒安得烈的遺骸一同被轉送到康士坦丁堡，其後安葬在該城。

（摘錄自黃錫木編著：《四福音與經外平行經文合參》，香港：國協，2000年）

路加福音與使徒行傳的連續性是不容置疑的，而作者之所以分開兩部書來寫，可能是因為這兩卷書的篇幅甚長，卷軸形式的古代書本難以將這兩書的篇幅合併在一卷內；事實上，路加福音與使徒行傳的篇幅，加起來要比保羅書信篇幅的總和還要長。

按現時最通行的新約希臘文聖經版本，*United Bible Societies' Greek New Testament*（中譯為：「聯合聖經公會新約希臘文聖經」），路加福音與使徒行傳的正文分別有2500行和2320行，而13卷保羅書信正文的總和則約3270行。

既是一書兩冊，作者在路加福音一章1至4節所聲明的資料搜集和撰寫方法、寫作目的，自然是使徒行傳同樣依循的：

1. 有關耶穌和早期基督徒運動的資料，是由目擊證人流傳下來的；
2. 對這些經歷和報導，路加經過仔細的調查和甄選才使用；
3. 作者寫這書的目的，是要肯定讀者（原先的讀者是提阿非羅）一直以來所聽到的事情都是真實的，使讀者在基督信仰的知識上得以成長，信心得以堅固。

然而，偉大的早期教會歷史家優西比烏（公元265～340年）卻指出

「我們」段落包括的經文有：十六10～17，二十5～二十一25，二十七1～二十八16。

路加寫這書與「第一部書」有一主要的差別：路加寫使徒行傳，「不是根據別人的敍述而寫，而是按照自己親眼目睹的事實，記錄而成」(《教會歷史》3.4.6)。優西比烏這觀察主要是指使徒行傳的下半部分，作者路加在「**『我們』段落**」中，往往以第一人稱的複數代名詞來表明所記載的都是他在場見證的事實。

在路加福音裏，耶穌的一生就有如一段漫長的旅程，以加利利作他一生事奉的起點，而耶路撒冷則是他事奉的終結。至於使徒行傳，就以耶路撒冷作為福音向外拓展的起點，而以羅馬為終結。

1.1 本書的主題和結構

仔細閱讀使徒行傳，便會發現當中記載了不同類型的事蹟，如悔改(九1～20，十六13～15、24～34)、醫治(三1～10，九33～35，十四8～10)、復活(九36～42，二十9～12)、初代教會的生活(二41～47，四32～37，五1～11)等，還有那些具神學意義的講章，包括彼得(二14～36，三12～26，十一5～17)、司提反(七2～53)和保羅(十三16～41，十七22～31，二十二1～21)的講論。然而，綜覽全書的結構，路加在內容鋪排上最明顯要突出的主題是：初代教會在公元30至60年這30年間，如何履行耶穌所頒布的「大使命」。

為要說明初代教會的發展經過，路加帶領讀者走過耶路撒冷、猶太、撒馬利亞、敍利亞、塞浦路斯，以及馬其頓的若干城市和希臘等，直至最後的羅馬為止。據此，我們可以按著使徒行傳一章8節(「……你們會充滿著能力，要在耶路撒冷、猶太，和撒馬利亞全境，甚至到天涯海角，為我作見證」)，把全書分為3大段落：

❶ 一章15節至八章3節：描述耶路撒冷城；

❷ 八章4節至十一章18節：論到撒馬利亞和其他沿海城市；

❸ 十一章19節至二十八章31節：延及外邦人的地方。

為貫徹本書的主調，即教會怎樣將福音從猶太人起傳至外邦人，路加以福音繼續不斷發展的意思收結全書：「他大膽地宣揚上帝國的信息，教導有關主耶穌基督的事，沒有受到甚麼阻礙。」(二十八31)

在「大使命」這大前提之下，本書採用了另一種分段方法，相信更能仔細反映這書的結構，亦能反映不同階段的發展。路加藉著5個鑰句，把全書所記載的歷史分成5個階段，鑰句既摘要總結每一階段的發展，也表明這一連串的事件均使上帝的道和教會興旺起來：

❶ 一章1節至六章7節描述耶路撒冷教會的情況：「上帝的信息繼續傳開；在耶路撒冷的門徒數目增加很多，許多祭司也接受了這信仰。」(六7)；

❷ 六章8節至九章31節記述自耶路撒冷到撒馬利亞，教會被建立起來的經過：「當時，猶太、加利利、撒馬利亞各地的教會有了一段平安的時期。教會在敬畏主，在聖靈的扶助下建立了起來，人數日日增加。」(九31)；

❸ 九章32節至十二章24節記載有關彼得帶領哥尼流歸主的事蹟：「上帝的道繼續擴展，日見興旺。」(十二24)；

❹ 十二章25節至十六章5節保羅展開向外邦人傳福音的宣教旅程：「因此，各教會在信心方面得以堅固，人數也一天比一天多起來。」(十六5)；

❺ 十六章6節至二十八章31節記述保羅將福音帶到羅馬教會的歷程：「他大膽地宣揚上帝國的信息，教導有關主耶穌基督的事，沒有受到甚麼阻礙。」(二十八31)。

在這段長達30年的歷史中，儘管牽涉不少人物和事蹟，作者只集中著墨於兩位主要人物——彼得和保羅(或掃羅)。他們都在這「大使命」的實踐上，擔當著異常重要的角色。依次說來，第一至十二章記載彼得，第十三至二十八章論到保羅。最值得留意的是，在路加筆下，彼得和保羅所經歷的事蹟出奇地相似：

- 兩人都醫治了生來跛腳的人(三1～10，十四8～10)；
- 兩人都勝過行邪術的人(八9～24，十三6～12)；
- 彼得的影子和保羅用過的手巾都帶來醫治的能力(五15，十九12)；
- 兩人都曾使死人復活(九36～42，二十9～12)；
- 兩人都神蹟地從監獄得到釋放(十二6～11，十六23～40)；
- 聖靈藉著彼得按手而臨到撒馬利亞的信徒，又藉著保羅按手而臨到以弗所的信徒(八14～24，十九1～7)；
- 兩人都曾在祈禱時魂遊象外，並得到清楚的指示到外邦人那裏去(十9～16，二十二17～21)。

從以上的歷史敘述可見，路加的確處處將保羅與彼得對等起來，表徵著外邦教會和猶太教會的合一與平等。事實上，作為猶太人使徒的彼得和作為外邦人使徒的保羅的經歷如此相似，的確或多或少意味著，後起的使徒保羅和繼後興起的外邦教會，均與使徒彼得和猶太教會有著同等的屬靈經歷和地位。

1.2 路加期望提阿非羅知道……

路加為何要寫如此長的一卷書(包括路加福音和使徒行傳)給提阿非羅呢?他期望這位外邦官長從這書中得到甚麼信息呢?

透過路加福音和使徒行傳這兩卷為外邦人——特別是那些思想開放、對基督教的歷史起源感興趣的人——而寫的書卷,路加加以申述耶穌和**他的跟從者**在宗教上的虔誠、道德上的純潔和政治上的清白,並表明基督信仰雖然根植於猶太教,但卻已經滅去傳統猶太教的排外心態,成為一個面向世人的普世性宗教信仰。

這些跟隨者有被稱為「跟從主道路的人」(九2,另參二十二4等)、「拿撒勒教派」(二十四5)、或「基督徒」(十一26)。

路加福音的敍述性故事把讀者帶到猶太教的中心耶路撒冷,而使徒行傳的故事則進一步引領讀者邁向世界的中心羅馬。路加強調,這一切都是聖靈的力量,因此,路加經常記述保羅得見異象(九3~6,十六9~10,十八9~10,二十二17~21,二十三11,二十七23~26;另參二十六19),強調保羅的傳道不是出於人意,而是上帝的旨意。路加並沒有交代基督教傳至埃及或東方的情況,但透過不斷重複出現的鑰句,我們得以窺見初代基督徒在各處傳福音大見果效的普遍情況。

路加寫使徒行傳並非純為勾劃初代基督教發展的情況而已,他更要藉此維護基督信仰,說明這信仰對羅馬帝國和社會並無害處,亦無威脅。

基督信仰的初段發展可謂是舉步維艱的。它的創立者——我們的主耶穌基督——被羅馬政府處死,到處都有干擾和誣蔑基督教的事情發生。我們不難想像,當時一般人會很自然地覺得基督徒是一個違法的團體，威脅著羅馬社會的穩定和安全。所以，在他的福音書中，路加已經極力堅持耶穌在羅馬法律上是清白無辜的：

- 路加福音記載彼拉多曾3次公開對羣眾說，他查不出耶穌有甚麼罪狀(路二十三4、14、22)，更宣稱希律安提帕也同樣查不出耶穌的罪來(路二十三15)，只是暴民的壓力使他們最終不得不違背公義；
- 馬太和馬可福音只簡單地交代跟耶穌同釘十字架的罪犯辱罵他(太二十七44；可十五32)，但路加卻詳細和刻意地指出其中一個罪犯責備那侮辱耶穌的人，這罪犯不但承認自己罪有應得，更揚言耶穌並沒有做過一件壞事(路二十三39～43)；
- 在馬太和馬可的記載中，當耶穌斷氣時，羅馬軍官宣告耶穌是上帝的兒子(太二十七54；可十五39)，但在路加的記載中，軍官卻宣告耶穌真是一個義人── 意指耶穌是個正直的好人(路二十三47)！當然，兩者意思相差不遠，但路加這樣的表達顯明他的匠心獨運，強調了耶穌在羅馬法律下的絕對清白。

在使徒行傳中，路加再次描述了暴亂的民眾阻撓福音的傳播，以及猶太人鍥而不捨地誣陷基督信仰，一切的迫害都只是因為保羅要把福音傳給外邦人(像本書的讀者提阿非羅)。路加多次記載保羅在羅馬官長面前接受審判，均被判無罪：

- 保羅在哥林多曾被拉上法庭，接受亞該亞省總督迦流的審判，結果，迦流認為猶太人對保羅的控告只是基於他們對「法律上的一些字眼名詞」的爭持，故不願意受理這樣的訴訟(十八12～17)；
- 保羅表面上是引起以弗所騷動的禍首，但在城裏的書記官的說話中，卻又指出保羅等人並沒有攪亂當地人的宗教和諧生活（十九35～40）；

- 保羅在耶路撒冷與猶太人對質後，那名指揮官（或千夫長）在寫給腓力斯的報告中清楚指出，保羅「並沒有甚麼該死或該囚禁的罪行」，而猶太人「對他的控告無非牽涉到他們法律上的問題」（二十三23～30）；
- 保羅在凱撒利亞接受腓力斯的審訊，路加雖然沒有記載腓力斯判保羅為無罪，但卻清楚指出他對保羅處處寬待（二十四22～26）；
- 接替腓力斯出任總督的非斯都在向希律亞基帕王匯報保羅的案情時，也明確指出保羅並沒有犯甚麼嚴重的罪，猶太人所爭論的只是有關宗教上的問題（二十五13～21）。

不單如此，就連猶太人中一些重要的羣體和人物都指明保羅是無罪的：

- 保羅在耶路撒冷與猶太人對質後，議會中的法利賽人強烈地説：「我們找不出這個人有任何錯處！」（二十三9）
- 保羅在凱撒利亞接受希律亞基帕王審訊時，這位身為猶太人的王聽完整件事情後，也不得不與非斯都等談論説：「這個人並沒有犯甚麼該死或該囚禁的罪。」並認為保羅理應無罪釋放（二十六30～32）。

路加要帶出一個很清晰的信息：保羅是無罪的，並藉此向提阿非羅和當時的外邦信徒指出，基督信仰對羅馬帝國並無威脅性。儘管保羅是帶著鎖鏈上羅馬的，他不是一個犯人，他是基督的僕人，畢生忠於他所見的異象。此外，留意保羅的羅馬公民身分在書中多次被強調（十六37，二十二25；另參二十三27），這備受尊重的身分不單給讀者帶來相當正面的印象，甚至從字裏行間，我們也能感受到路加筆下的保羅對此身分的自豪！

1.3 如何閱讀這卷書

使徒行傳與福音書同屬歷史敘述文體，因此，閱讀福音書應留意的要點，也適用於使徒行傳。

敍述文體中的歷史資料

首先，雖然這書屬歷史敍述文體，但其中所記載的資料不一定符合今天歷史研究的標準。這並不是説當中所記載的歷史因此就不可靠，或我們不能評審它的歷史真確性。我們不應忽視，路加宣稱自己是以非常審慎的態度來處理歷史資料(路一1～4)。再者，使徒行傳裏關於羅馬帝國的地理、行政、法律等等的記述，與聖經以外的歷史文獻相當吻合。因此，我們對路加所記述的事蹟的基本態度，應該是信任而不是懷疑。

事實上，完全用現代記載歷史或報導新聞的標準來衡量古代的作品是不智的，也是不合理的。在注重法律細則、處處力求精密的現代社會，我們很容易覺得不盡就等於不實，戲劇性的表達就等於虛構，卻少有空間去賞識古代文獻史料對資料的選擇取捨和文學表達手法。

我們必須注意路加那時代的寫作習慣：將焦點集中在作者想要表達的信息多於當時具體發生的事件，其中最明顯的例子是使徒行傳中的講道或演説。以彼得在五旬節的講道為例，全篇講章只有20節經文的篇幅，一般人只需花一、兩分鐘就可以把它讀完。難道彼得的講道就是這麼簡短嗎？

學者認為，古時的歷史學家在記述某歷史事蹟時，不時會加插或改編一些對話內容來表達某些信息。其實，今天的歷史作品也同樣經過取材、編修和詮釋的工夫。要完全客觀和巨細無遺地如實記錄不單是不可能，也會令內容極端沉悶，令讀者找不到重點。在某程度上，路加的寫作有點像今日較戲劇性的歷史紀錄片集。在這些片集中，歷史人物的對話內容是經過選擇、濃縮、合拼、編修，務求以最戲劇性的表達引起觀眾的注意。就作者的目的而言，這些內容雖然並非完全客觀、如實報導，但卻是準確的，也是忠於歷史的，因為這些對話的內容都是根據歷史事實，與當事人所表現的思想行為並沒有衝突。我們相信，在**使徒行傳和福音書**中有不少這類的記載，以致4本福音書中的平行報導常出現細節上的分歧。然而，要具體地劃分甚麼是實況，甚麼是編修後的結果，卻又是極之困難的事。

例如保羅遇見主的3次描述，或4卷福音書裏關於耶穌受難和復活的記載。

無論如何，在上帝的默示下，路加的作品已成了上帝權威的話語，絕不會誤導我們。我們不應太在意路加沒有為後世讀者解答許多關於歷史的問題，倒要看重使徒行傳的寫作目的，讓這書成為我們信仰的幫助和指引，這才真是尊重上帝的話。換句話說，我們不應以現代批判性的歷史鑒別法或一套先入為主的觀念，規限路加寫歷史的方法。相反地，我們應放下成見，嘗試了解這當時被普遍接納的寫歷史的手法，並領會路加藉著那時的文學習慣所要表達的信息。路加不單要記載早期教會的歷史，更想從**救恩歷史**的神學觀點出發，記述初代教會的使徒怎樣履行耶穌所頒布的宣教使命，將福音從耶路撒冷傳至羅馬，使讀者更

「救恩歷史」特別指從基督教信仰角度來看人類歷史，認為某些歷史事件會在人間發生，乃是基於上帝的主導，目的是要拯救人類。又由於聖經所展示的歷史都以上帝的拯救為中心，所以在很大程度上，「救恩歷史」也就是聖經中所展示的歷史。

明白上帝藉著祂智慧的計劃，拯救全人類的心意和過程。因此，我們閱讀使徒行傳的時候，必須留意作者對舊約聖經和福音書的引用或暗示，因為透過作者貫連的演繹，我們會更明白救贖歷史的進程。

敍述文體中的永恆教訓

路加的歷史敍述表明了基督教的信仰是建基在歷史上，與一些神祕宗教或神話迥然有別。福音不是抽象的神學理論或宗教意識，而是上帝直接介入人類的生命，並在歷史舞台上彰顯祂拯救的大能。透過歷史上許許多多有血有肉的見證人和扣人心弦的情節發展，路加將福音開展的歷史進程展現讀者眼前。這種具體的歷史感所帶來的效果是其他文體(如神學論文)所無法達到的。

不過，敍述文體仍然有其限制。敍述文體所記載的，都是在一個特定的時空之下所發生的事件，並且通常只能間接地闡明神學思想或道德教訓，例如藉著資料的編排，穿插一些講章和論述性的對話，又或透過書中人物的榜樣或下場來達到鑒古知今的功效。但無論如何，始終不如書信類論述文體那麼清楚直接，能明確地因應當時教會的處境予以教導和修正。

留意第四章8節，當彼得和約翰在猶太人議會被審問時，「彼得被聖靈充滿」，然後就站在猶太人的領袖面前見證主名；文中並沒有記述任何「説靈語」的現象發生。這段經文顯示，信徒被聖靈充滿與説靈語並沒有必然的關係。

舉例來説，使徒行傳第二章首次記載信徒領受聖靈的充滿時，他們都會説「**靈語**」(《和合本》譯作「方言」)，那麼，這是否表示聖靈每次彰顯都會使人説出靈語呢？相反，沒有説靈語是否就表示沒有被聖靈充滿呢？説靈語的現象在當時的救恩歷史階段中扮演著甚麼樣的角色？這角色到今日有否轉變？此外，在敍述文體中，作者有時只描述某些事件，並沒有直接地予以評價。例如路加是否同意那些人將病人抬到街上，希望彼得的影子會投在病人身上的做法呢？保羅和巴拿巴為馬可的爭執究竟誰是誰非呢？就算我們了解路加的看法，也不能肯定某些做法(如所有東西大家公用，二44)是否放諸四海皆準。

使徒行傳記載初代教會所面對的困難之一，是要分辨當時的文化和救恩的真理，好使非猶太裔的基督徒不必囿於猶太人的規條(例如受割禮和守潔淨禮，參6.3和9.1)，因為這些規條原只屬猶太民族的文化，並不是基督信仰的內涵。今天當華人基督徒讀到初代教會所面對的困惑時，又如何可設身處地與他們一同經歷這掙扎呢？在某程度上，今天的教會也需要在教會文化傳統與聖經真理之間作出明辨。教會領袖對平信徒(特別是初信者)在說話措詞、衣著、屬靈生命的表徵和事奉的模式等各方面的要求，要小心處理，也要謹慎地活用聖經的教導，免得重蹈初代教會一些固執分子的覆轍，既不能使信徒得益處，更將額外的要求加諸信徒身上，成為他們信仰上的擔子！

要從敍述文體中吸取教訓並加以應用，必須先配合新約書信的明確教導。尤其重要的是，如果書信裏並沒有清楚的根據，我們便不宜貿貿然以使徒行傳所載的個別事件，作為建立教義的重要基礎。

1.4 參考註釋書

一般參考書

陳嘉式著。《使徒行傳》。香港：基督教文藝出版社，1984。

陳尊德著。《使徒行傳信息：聖靈的工作》。台北：中國主日學協會，1986。

楊東川著。《野火燒不盡：使徒行傳主題研究》。台北：燈塔出版社，1992。

Barnhouse, D.G. & Ehrenstein, H.H. *Acts: An Exposition Commentary*, Grand Rapids, MI: Zondervan Corp., 1979.

Marshall, I.H. *The Acts of the Apostles: An Introduction and Commentary on The Tyndale New Testament Commentaries vol. 5.* Leicester: Inter-Varsity Press & Grand Rapids, MI.: Eerdmans, 1980.

學術性參考書

張永信著。《使徒行傳》，三冊。香港：天道書樓，1999～2001。

Fitzmyer, J.A. *The Acts of the Apostles: a New Translation with Introduction and Commentary-The Anchor Bible vol.31*. NY: Doubleday, 1998.

Hengel, M. (translated by John Bowden from the German). *Acts and the History of Earliest Christianity*, Philadelphia: Fortress Press, 1980.

MacArthur, J. *Acts: the Spread of the Gospel*. Nashville: Word, 2000.

Talbert, C.H. *Reading Acts: a Literary and Theological Commentary on the Acts of the Apostles*. NY: Crossroad, 1997.

第一篇

教會的成立和發展

甚麼是教會？在新約聖經裏，「教會」這詞可指普世教會，又可指地區教會。普世教會是一個不受地區邊界、種族、建築物所限的無形而理想的教會，這教會包括世上所有愛基督而又願意跟隨他的人，新約聖經中的以弗所書所討論的教會就是指這樣的教會。然而，基督教會的開始卻是地區性的，它既有獨特的組織和生活模式，也有獨特的羣體動力，使徒行傳所介紹的初代教會就是這樣的教會。這教會開始於巴勒斯坦，不到30年，已伸展至羅馬帝國所有主要的城市，引證著福音遍傳的景象。

從使徒行傳的第一個段落(一1~六7)，我們可以看到，教會在開始時有相當輝煌的成績：漁夫搖身一變，竟成為偉大的佈道家；原本膽子小小的，卻突然公然挑戰那羣有權有勢的宗教領袖；一日之間，竟有3000人、甚至5000人信主，要達到全民信主，似乎指日可待。不過，這只是教會美好的一面，隨著教會人數增多，問題亦相繼冒起。然而，作者路加對教會的發展仍持相當樂觀的態度：「上帝的信息繼續傳開；在耶路撒冷的門徒數目增加很多，許多祭司也接受了這信仰。」(一1~六7)

第二章

耶路撒冷教會的成立（一1至二47）

- 準備就緒：最後囑咐，耶穌升天
  - 40天的密集課程
  - 耶穌為何要升天？
  - 一定要12，不能11！
- 聖靈降臨節和教會的誕生
  - 彼得的第一篇講章
  - 初代教會的生活

耶穌肉身的離世，並不意味他自此就不再參與世間的事務，只是表示他要以另一種方式來參與。

耶穌的復活為本來極為沮喪和失望的門徒帶來了新的希望，耶穌在門徒面前升天，是要表明有一天他也要如此回來。這是路加福音的結尾，亦是使徒行傳的開始。這個交接點正好為同一個收書人——提阿非羅——展示了耶穌生平和初代教會成立的連繫，亦把路加福音和使徒行傳緊扣在一起。

新約的「教會」是於何時成立的呢？是在五旬節當天，還是五旬節之前的日子（參一14）呢？這個問題不易回答。由於路加只用「教會」一詞來指五旬節後的信仰羣體，我們也以這用法作基礎。

一個新宗教羣體蘊釀成立之時，本應趕緊展開大規模的宣教行動；然而，初代基督教會蘊釀成立之際的第一個功課卻是等候。**教會**不是要憑恃人為的努力經營，而是要等候上帝作為的彰顯。

2.1 準備就緒：最後囑咐，耶穌升天（一1～26）

釋經短註1~6

使徒行傳可謂以耶穌的升天揭開序幕。而在升天前，耶穌給了使徒們一個長達40天的密習課程；不過使徒們似乎還是不甚明白耶穌所教授的主旨，他們仍只關注自己民族的命運。

像其他的猶太人一樣，使徒們並不甘心自己民族受轄於羅馬政府之下，他們希望死而復活、又能行奇事的耶穌，能馬上帶領以色列國獨立，擺脱羅馬人的統治。然而，耶穌把他們的注意力轉移到上帝為全人類的計劃上。

耶穌應許門徒將要領受「聖靈的洗禮」（一5），並要在耶路撒冷、猶太和撒馬利亞全境，甚至到天涯海角，為他作見證，遍傳他復活的喜訊（一8）。耶路撒冷是猶太社會政治和宗教的中心，是猶太教的心臟地帶，由這裏開始，透過四通八達的道路網絡，耶穌的追隨者迅速將福音傳遍羅馬帝國的各個角落。

耶穌在眾使徒面前被接升天；有兩位天使顯現告訴使徒，耶穌怎樣升天，也要怎樣回來（一11）。

試想像你是目睹耶穌升天的其中一分子，你當時的心情如何？你如何履行耶穌的使命呢？

耶路撒冷

耶路撒冷（特別是聖殿）在路加所描繪的救恩歷史裏極為重要。它的重要性不單可從使徒行傳的鋪排上得到引證，更在路加福音的獨有記載（指那些沒有見於馬太和馬可福音的記載）中展示出來：

- 路加福音以撒迦利亞在耶路撒冷聖殿的事奉開始（一5～23），並以門徒在耶路撒冷聖殿裏頌讚上帝作結（二十四52～53）。
- 約瑟和馬利亞帶小孩耶穌到耶路撒冷奉獻給主，又在聖殿裏碰到一生盼望上帝的救贖臨到以色列和耶路撒冷的西面和安娜（二22～38）。
- 耶穌的父母每年都上耶路撒冷守逾越節，耶穌12歲時在那裏逗留了3天，並在聖殿裏坐在猶太教師中間邊聽邊問（二41～50）。
- 當耶穌被接升天的日子將到，他就決心到耶路撒冷去（九51），並堅稱先知在耶路撒冷以外的地方被殺是不合宜的（十三33）。
- 馬太以耶穌在加利利吩咐門徒的大使命作結（二十八16～20），路加則記載耶穌在吩咐門徒遍傳福音的同時，要門徒留在耶路撒冷，等候那從上面來的能力（二十四47～49）。
- 耶路撒冷是使徒行傳初段的中心。聖靈的降臨，使徒的講道，神蹟奇事和信徒的交往，都環繞著耶路撒冷和聖殿發生。然而，隨著福音漸漸向外邦伸展，耶城和聖殿就不再是上帝救贖歷史的焦點(參約四21～24)。

你知道如何得出這「約10天」嗎？還記得耶穌升天那日及五旬節，各與耶穌受難（即逾越節）相距多少天嗎？

雖然使徒們尚未完全明白耶穌臨別的教導，更不知道歷史會怎樣發展下去，但他們還是順服地聽從了耶穌的吩咐：「**不要離開耶路撒冷，……要等候我父親的應許。**」（一4）在這段可能持續了約10天的等候的日子裏，耶穌的追隨者，包括他的母親馬利亞、眾使徒和其他門徒，連男帶女約120人，就「**常在一起同心禱告**」（一12～14）。此外，在彼得的主持之下，他們還做了一件很重要的事，就是在耶穌的長期跟隨者中，推選一位與十二使徒同列，填補那出賣耶穌後自殺的加略人猶大的位分。結果，經過祈禱後，他們抽籤選出了馬提亞；這樣，「十二使徒」的位分復得圓滿。在這裏，值得我們留意的是候選人的資格：

對於一些想幹一番大事的人來說，等候是最困難的功課；你若是這120人中的一位，你在這等候期間會有甚麼感受？

……必須有另外一個人加入我們的行列，一起作主耶穌復活的見證人。這個人必須是當主耶穌在我們當中出入時——從約翰施洗開始到耶穌被接升天為止那一段期間——始終跟我們在一起的人。（一21～22）

一章26節記載他們是用抽籤的方式來尋求上帝的旨意，你在尋求上帝的旨意時，會依據甚麼作決定呢？參本章釋經短註6。

使徒強調這位取代猶大的人，必須對所見證的主有親身的經歷。這些活生生的見證人（雖然受其壽命所限，未能長久）對新約正典背後的規範，發揮了重要的監察作用；換言之，新約聖經（特別是福音書）對耶穌生平的每一件事和每一番話的記載，都有這些當時仍活著的見證人作證。參《聖經鳥瞰——基礎篇》第四章之「新的規範傳統」一節。

猶大之死

按馬太福音二十七章5節所記，出賣耶穌的猶大「走出去，上吊自殺」，但我們在使徒行傳又讀到：「他墜下，五臟迸裂而死」(一18)。有3個普遍被接受的理論嘗試整合這兩個迥異的說法：(1)屍體懸掛的時間過長，以致放下時五臟迸裂；(2)按舊約的定義，「吊」的意思是指「以尖物刺穿」；(3)早期教父記載，猶大的確曾嘗試上吊自殺，但在窒息至死前卻被放了下來，之後，他生活潦倒，又染上怪病，最後死在家中，五臟迸裂。

40天的密集課程(一2～3)

耶穌死時，使徒非常失望，以為寄望於這位領袖的一切都完了；然而耶穌復活，他們又非常驚恐，難以置信，所以，耶穌要「用不同的方法證明自己是活著的；他讓他們看見自己，又向他們講論上帝國的事」(一3)。耶穌與他們相處了足足40天。

這40天的密集課程包括甚麼課目呢？路加只告訴我們，內容環繞「上帝國的事」；若然他能提供多點資料，這密集課程將會成為世世代代神學課程的核心。有些學者推測，耶穌在講論中，系統地解釋了天國福音，並補充說明了一些使徒從前不甚明白的教訓，又或詳述了一些發生在自己身上，而使徒並不在場的事情(例如在客西馬尼園，耶穌在使徒睡覺時所作的禱告內容)。這段富有神祕感的日子，促使早期教會的一些基督徒知識分子，為滿足信徒的好奇心，撰寫不少富想像力的**宗教小說**，極力鋪寫耶穌與使徒之間的對話，詳盡描述天國和末世的景象。

新約次經中屬天啟文學類的作品，如《彼得啟示錄》就是典型的例子。

然而，耶穌講論了40天，使徒們似乎仍未能領悟。他們還以為耶穌會運用他從死裏復活的大能，恢復以色列國的主權，在地上建立一個彌賽亞的國度。他們這樣想，是因為舊約的眾先知早已提到在末世彌賽亞來臨之時，上帝會以祂的靈澆灌祂的子民(賽四十四3；結三十六24～27；珥二28～29)，這不就是耶穌所說的「聖靈的洗禮」嗎？先知所講、所預言的都是千真萬確的，但是使徒們卻錯解了。耶穌把他們的焦點從這種以以色列人為中心的彌賽亞觀念，轉移到以全人類的福祉為目標的福音運動(一6～8)。

耶穌為何要升天？

耶穌升天既有這麼深遠的神學意義，為何現今的教會似乎沒有好好慶祝這節日呢？

從神學角度看，耶穌被釘死在十字架上是為代贖世人的罪；耶穌的復活是要證明他戰勝了死亡，以大能顯明是上帝的兒子。那麼升天又有甚麼神學意義呢？傳統猶太人相信，上帝是在「天上」的，因此，耶穌升天的最基本神學意義，就是耶穌要回復他原有的身分、位置和權柄。此外，耶穌升天可有3個具體意義：

1. 耶穌把他自己獻上，付上了贖罪的工價，現在他在上帝的面前，成為全人類的代表。保羅在羅馬書八章34節依次論及耶穌的死、復活和升天，並且耶穌在天堂以祭司的身分，為信徒代禱：「誰還會定他們的罪呢？不是基督耶穌！他是那位死了，其實，我應該說是那位已經復活、現在正在上帝的右邊替我們向上帝祈求的！」
2. 當時的猶太教信徒相信上帝在天上為人們預備了避難所，而耶路撒冷聖殿就是天上的避難所在地上的影子。希伯來書針對這種看法，進一步強調耶穌升天的重要性。人們以為可以藉著以聖殿為核心的宗教體制而得進入天堂，作者對此觀念加以駁斥，強調只有通過耶穌基督，人才可以到達上帝面前，因為耶穌已經從死裏復活，並提升到真正的天堂，目的是為我們預備天上的居所（來八～九章）。

3 對於路加來說，耶穌升天的最大意義是要把聖靈傾注給教會：「他已經被高升在上帝的右邊，並從他父親接受了所應許的聖靈。你們現在所看見所聽到的，就是上帝傾注給我們的恩賜。」（二33）值得留意的是，雖然約翰福音也指出耶穌離世後會賜下真理的聖靈（約十六12～16），但只有路加把這聖靈的傾注與耶穌的升天連繫起來，因為聖靈是那從「上面」來的能力（路二十四49）。

一定要12，不能11！（一21～26）

釋經短註6

馬提亞被選上後，除了與其他使徒一同站起來作見證外，路加並沒有記載他有任何特殊的表現，以致有些人認為馬提亞的被選是一個錯誤，因為保羅才是真正的第十二位使徒。這樣的解釋不單明顯與使徒行傳一章24至26節的意思不符，也忽略了「12」這數字的重要象徵意義。

試想像你是那位被揀選出來代替猶大的使徒，你會如何履行使徒的職分？你會選擇跟隨彼得，留在耶城牧養教會，抑或參與外邦的宣教工作？

耶穌在世時設立了十二門徒，並賜給他們治病、趕鬼和傳道的權柄，向更多的人傳揚耶穌的信息。使徒來自各行各業，有的是稅吏，有的是漁夫，耶穌特意揀選了一些在社會上被視為邊緣羣體的人，為要表明他心目中的天國是接納任何人的。從實際的功能上看，耶穌揀選「12」位，與揀選「11」或「13」位門徒，大概並沒有具體的差別，但「12」卻有其象徵意義。就如以色列民族的十二支派代表整個民族，耶穌來世所展開的新約，也以十二使徒代表這個新的以色列族羣，並以他們作為新國度的核心。路加的編排顯然要表明，十二使徒的人數一日未補添圓滿，聖靈就一日尚未降臨！但當五旬節聖靈降臨後，表明新的國度已經開展，使徒的數目就無須維持12位了。因此，使徒雅各殉道後也無須再補選(及後另外11位使徒相繼殉道或離世也不曾補選)，路加也不再強調「12」這數字或交代個別使徒的工作。可見「十二使徒」在教會歷史上並非一常設的職份，只是在教會這新國度開展之先，作為以色列國十二支派的「對範」(參啟二十一12～14)。

耶穌復活升天以後，這12位使徒成為了他在地上的代表。由於耶穌在世時並沒有留下另一部「聖經」，所以他所說、所做的，就成為初代教會宣講的內容和基礎。有關耶穌的事蹟早已形成口傳傳統，有些可能也早已筆錄下來，而十二使徒就成為有關耶穌事蹟的當然見證人。由此可見，繼續廣傳福音當然是使徒的「大使命」，但延續主耶穌的教導，並確保有關主耶穌言行流傳的準確性，同樣是使徒非常重要的責任。這些初代教會的領袖必須確保有關主耶穌的流傳資料的可靠性。難怪為填補使徒猶大的位置而進行補選時，候選人的基本條件是能親身見證整段耶穌傳道時期的經過，因為惟有如此，十二使徒才能延續耶穌的教導，並承擔監察有關耶穌言行的流傳的重任。

這補選使徒的原則如何應用在今天教會所選舉的執事(或理事)身上呢？

2.2 聖靈降臨節和教會的誕生(二1～47)

釋經短註7~12

五旬節(Pentecost)是在摩西時代設立的古希伯來節期(利二十三15～22；申十六16～17)，原本是慶祝希伯來人離開埃及後，首次在自己的土地享受到初熟的果子。這個節期在逾越節之後的第七週舉行，所以又稱為「七七收穫節」(出三十四22)。基督徒稱之為「聖靈降臨節」，因為聖靈在這節期強而有力地臨到，象徵在基督徒的逾越節(即耶穌的受難和復活)後，將會有屬靈的「大收割」行動。

就在五旬節這一天，眾門徒聚集之時，忽有響聲從天而降，如一陣大風颳過，又有「火燄的舌頭」出現，落到各個門徒身上，他們就開始「說起別種語言來」。提到「火燄」這種情景，與聖經中有關上帝顯現時的情景頗為對應(出十九18；王上十八24、38；代下三十四25)，亦應驗了以賽亞書六十六章18節所言，上帝「要召集萬國的人民」，更實現了施洗約翰的預言，耶穌將要「用聖靈和火為你們施洗」(路三16)。經上雖未記載此事發生的地點，但肯定是發生在一個公眾場所，因為從羅馬帝國各地到訪耶路撒冷的民眾，都驚奇聽到這羣無學問的加利利人很流利地說出各地共有10多種的方言。毫無疑問，這就是耶穌吩咐門徒所等待的「聖靈的洗禮」。

你曾經歷被聖靈充滿嗎？你還記得當時有甚麼特別的感覺？嘗試分享今天聖靈在世上的工作。

被聖靈充滿

按福音書的記載(參太三11；可一8；路三16；約一33)，最先提及「聖靈的洗禮」的是施洗約翰；他刻意強調，他所施行的悔改的洗禮不及將要來臨的「聖靈的洗禮」重要。約翰施洗的目的是表明領受者悔改的心，而「聖靈的洗禮」則表明上帝赦罪的恩典。這番話是福音書的作者在經歷過「聖靈的洗禮」之後，回想昔日施洗約翰的「悔改的洗禮」而說的。作者並不是說，那些領受了「悔改的洗禮」而未經歷「聖靈的洗禮」的人，就不蒙上帝赦罪；他只是說，單單經歷「悔改的洗禮」是不夠的，必須要有上帝赦罪恩典的彰顯，而這恩典最明確的彰顯可謂就是在五旬節。

由於「方言」一詞容易令讀者誤以為指地區方言，所以本書一律用「靈語」這術語代之。

聖經作者對「聖靈的洗禮」的觀念顯然是以「水禮」為基礎的；按此，「聖靈的洗禮」是指：就如人接受水禮時被水覆蓋全身，領受聖靈的洗禮的人也同樣被聖靈傾注，充滿整個生命，意即被聖靈完全掌管。概念其實很簡單，但要界定這被聖靈充滿的生命所彰顯的形態就相當困難，主要是因為上帝在各人身上彰顯的方法不是一式一樣。在使徒行傳中，說**靈語**當然是其中的一種形態，但也有其他的形態，例如護道(四8～12，七55～56，十三9～11)、宣講(四31，十一24；另參路一67)；有時，經文甚至沒有具體說明當時的狀態(六3、5，九17，十一24，十三52；另參路一15，四1)；事實上，在整卷書裏，因被聖靈傾注而講靈語的人只佔少數(參十46，十九6)。

五旬節這天，一些旁觀者認為這些信徒必定是醉酒了。彼得從人羣中站起來，他申明信徒絕非喝醉了酒(畢竟當時僅為上午9時)。然後，他宣告耶穌就是彌賽亞，並且傳講上帝已經使耶穌從死裏復活的消息。他指出，這聖靈降臨的現象正應驗了約珥先知(珥二28～32)有關末世的預言：「上帝說：『……我要把我的靈傾注給每一個人。你們的兒女要宣告我的信息；你們的年輕人要看見異象；你們的老年人要作奇異的夢』」(二17)，並指出在這個時候，凡呼求主名的人必然得救。彼得繼續為耶穌作見證，講述耶穌在世上怎樣生活，怎樣受死，又因著上帝的大能從死裏復活了。聽了這些充滿激情的說話，聽眾都「覺得很扎心」，問彼得他們應當怎樣行。彼得回答說：「你們每一個人都要悔改，並且要奉耶穌基督的名受洗，好使你們的罪得到赦免。」(二38)

靈　語

在聖經中「說靈語」的現象曾引起極大的爭議。按使徒行傳二章所描述的「別種語言」，原是指一種現存的語言，神奇之處乃在於說的人從未學過該種地方語言。但亦有人認為，這是一種與任何地方語言不同的特殊語言，專為表達天上的事情。

無論當時所發生的是怎樣的一回事，彼得引用約珥書的一段經文，把當時「說起別種語言」的現象，相當於「說預言、見異象、作異夢」，表示那正是上帝在末日對祂子民的啟示（另參賽六十六18「我要召集萬國的人民。當他們聚集的時候，他們就會看見我的榮耀」）。此外，這情景也令人想起遠古時期的巴別塔故事：昔日，世人因為犯罪而被罰，說起不同的語言。今天，信徒靠著聖靈的能力在不同的語言中靈交，宣講上帝的信息。

到底「說靈語」這種屬靈恩賜，是歷史上作為早期教會信仰賴以建立的劃時代標記，還是可以延續至今，成為末世信徒的普遍經驗呢？保羅在哥林多前書對這課題有精闢的講論（參林前十二27～31，十三8～十四40）。

聖靈的能力確實能改變一個人。彼得能夠不被自己軟弱的過去所纏繞，被上帝改變，成為合用的工人，你也可以！

彼得的宣講直接而有力；若不是聖靈能力的澆灌，根本沒有人會想到這位生性剛勇、又曾一時怯懦而不認主的加利利漁夫，竟搖身一變成為這場千人佈道會的講員，並有如此大的感召力，在一日之間就呼喚了3000人受洗歸主（二41）。相對於主耶穌一生傳道生涯的成果，這顯然更為豐碩（參約十四12）。這是因為聖靈的澆灌已為救恩計劃開展了一個嶄新的時代。不單彼得個人，甚至一切都已改變了，新人、新的創造都因著聖靈臨格而顯露出來。舊的已經過去，新的已經來臨！

皈依基督的人服從使徒的教訓，與其他信徒過著團契的生活，守主的聖餐。在教會歷史上，第一批信徒自發地組織成一個共產團體，其中的成員變賣自己的財產，將所有的奉獻出來，與其他成員

你對末世的觀念和你的信仰經歷如何影響你對財富的看法？你認為這種「共同分享，各取所需」的生活在今天的教會是否可行？

共同分享，各取所需。

初代教會的信徒之所以採取這種共產生活的模式，當然不是受到甚麼社會主義所驅使，又或企圖要處理社會中貧富懸殊的問題，而是多少基於他們那種「臨近的末世觀」。他們認為耶穌很快就要從天上回來，這個初生的信仰羣體藉著財產公用的生活，得以更緊密地凝聚起來，切切守望主的再來。那些居住在死海一帶的昆蘭羣體，或稱為愛色尼人，亦持相似的末世觀念(當然，他們並不相信耶穌是彌賽亞)，且同樣過著共產的生活；他們更規定，任何一個加入他們羣體的人，都必須把財產全部奉獻出來。

路加也想藉著「所有東西大家公用」的生活實踐，表明聖靈在他們生命裏的效應：他們可以無私地互愛互助。不過，我們必須明白，初代信徒奉獻財產出來並不是被迫的，事實上，教會亦沒有否定個別信徒的私有財產權(五4)。馬可的母親馬利亞就是一個好例子，她繼續擁有自己的家，但也讓信徒到來聚集禱告(十二12)。其實，在某程度上，強制性的共產生活是比較容易實行的，因為任何人入會以後，只要依例行事就可以，無須省察內心的動機。自發性的奉獻則需要聖靈的工作，改變我們原來自我自私和自欺欺人的積習，這無疑反映著一種更高層次的基督徒生活。

路加對五旬節聖靈降臨的詳細記載，表明在路加的觀念中，教會的建立乃源自聖靈大能的作為。在耶穌臨升天前，門徒很迫切地追問他有關以色列復國之期，但耶穌卻囑咐他們留在耶路撒冷等候；直到五旬節，他們終於明白這等候的意義和價值了。在這之前，使徒不能理解耶穌的教導，但如今，他們終能領悟耶穌的意思和他所教導的真理。耶穌要他們看見的，不是地上的以色列國的復興，而是屬靈的以色列國的能力。

彼得的第一篇講章（二14～36）

釋經短註9~12

彼得講道時，應該是用亞蘭語，且應該帶著很重的加利利口音，很容易泄露他是加利利人（太二十六73）。因此，在上帝的默示過程中，當路加撰寫使徒行傳的講章部分時，他一方面要把資料翻譯成希臘文（而所引用的舊約經文則採用希臘文《七十士譯本》的譯文），另一方面，路加也要把講道的資料加以整理（留意這篇道大概是彼得在沒有事先準備的情況下即時宣講的），把重點有條理地覆述出來，以配合整本書的福音信息。雖然記載下來的講章與昔日彼得所宣講的語句並非完全相同，但我們也應相信，路加必定是非常謹慎地處理；因為這一切都是在聖靈默示中進行的（參本書第一章「如何閱讀這卷書」一節）。

這篇講章的主要對象是猶太人，且包括歸信猶太教的外邦人；其內容主要有以下幾部分：

1. 末日已經來到，這是悔改的時候（二17～21）：舊約對世界末期來臨的預言已經應驗了，聽眾當時所經歷的聖靈降臨就是最好的證據。留意彼得向眾人的宣召（「凡呼求主名的人必然得救」）與耶穌在拿撒勒的宣召（「宣告主拯救他子民的恩年」，路四19）非常相似。
2. 耶穌的神性身分（二22）：上帝已經藉著神蹟奇事證明耶穌的神性身分，而按彼得的理解，猶太人是已經知道的。
3. 耶穌從死裏復活（二23～36）：耶穌的復活是大衛早已預言的；耶穌從死裏復活證明他就是大衛在靈裏所看見的基督。因此，被猶太人釘在十字架上的耶穌，其實就是他們一直所等候的彌賽亞（二36）。

初代教會的生活(二42～47)

試比較初代教會的生活與現代(或你的)教會的生活的異同。其中有甚麼值得你反省的地方?

使徒行傳二章42至47節很精簡地記載了教會成立之初，信徒的生活和他們的處境。明顯地，這只是一個理想教會的寫照；相隔兩章之後(五1～11)，路加就記載了一則教會中的醜聞。這裏所描述的初代教會生活，有幾點是值得留意的：

1. 「他們專心向使徒們領教」：使徒行傳第一章特別強調主耶穌在升天前向使徒「講論上帝國的事」(一3)，又給他們特別的使命，更在五旬節賜他們聖靈的能力，好為他作見證；自此，在猶太人聖經以外，使徒的教導就成為教會的最高權威。
2. 「參加團契生活，分享愛筵，一起禱告」：團契生活包括信徒與上帝的相交(愛筵)和信徒彼此間的相交(一起禱告)。「愛筵」(《和合本》譯作「擘餅」)不單是指信徒一起用膳，更重要的是記念主的受死、埋葬和復活，即「聖餐」；而「禱告」則表示他們的屬靈生活和他們彼此之間的關係都是以主為中心。
3. 「使徒們行了許多神蹟奇事；人人都因此起了敬畏的心」：人們意識到使徒所行的神蹟奇事都是出於上帝的，因此，他們所敬畏(或懼怕)的不是使徒，而是上帝。
4. 「所有的東西大家公用」：由於信徒都相信耶穌很快就從天上回來，故藉公用財產增強信徒間的凝聚力，落實彼切相愛。
5. 「天天在聖殿裏聚會，又分別在各人的家裏分享愛筵」：初代教會的成員絕大多數都是猶太人，他們既嚴守猶太教一切的禮法和教規，亦深信耶穌就是彌賽亞，並相信上帝在古時對他們蒙揀選的祖宗所作的應許，已在彌賽亞耶穌身上應驗了。因此，在第1世紀，很多猶太裔的基督徒既參加猶太會堂或聖殿的聚會，也參加基督教會的聚會。雅各書甚至用希臘文的「會堂」(*synagogôgê*)，而不是用「教會」(*ekklêsia*)，來表示信徒聚會的地方。

❻「頌讚上帝，跟人人保持和睦的關係」：這顯示初代信徒與當時耶路撒冷居民的相處情況相當理想。路加特別描述這點，是要突出在第三章之後發生在基督徒與猶太人羣體之間的磨擦，主要是與猶太教的領袖有關。

❼「主天天把得救的人數加給他們」：這是在使徒行傳中經常出現的主題之一，上帝奇妙的工作使教會的人數日日倍增。

釋經短註

1. 一7～8：留意耶穌的回答並不是要間接地肯定以色列的復國之日，而是表明使徒根本不應該問這問題，這亦不是耶穌講論的重點。

2. 一8：對於使徒行傳的作者來說，「天涯海角」並非指地球上的每一個角落，而是指當時人所知的最遙遠的地方，例如羅馬或西班牙。

3. 一12：耶穌在耶路撒冷東邊的橄欖山升天，這山離耶路撒冷「約有安息日可走的路程」《和合本》。按猶太人傳統，他們不可以在安息日走超過約一公里路(《現修》)。在舊約先知以西結所見的異象裏，上帝的榮耀在耶城東邊的山(即橄欖山)離開以色列(結十一23)。先知撒迦利亞更預言，上帝在末日審判時，會在橄欖山降臨(亞十四4)。

4. 一13：耶穌從跟隨他的人羣中，揀選了12個人成為一個核心團體；他們的名字在福音書中均有列出(太十2～4；可三16～19；路六13～16)，但在使徒行傳中卻只列出了11個名字，因為出賣耶穌的猶大自此不入十二使徒之列。

5. 一19：「他們的語言」指亞蘭語。

6. 一26：用抽籤方式來求問上主，在舊約聖經非常普遍，這可反映猶太人的宗教文化。箴言作者的提醒是很好的：「人儘管抽籤問卜，決斷在乎上主。」(箴十六33)意思是：人儘管可用種種方式來求問上帝，但成事與否只在乎上帝的主權。

7. 二2：作者用「聲音」和「大風颳過」等詞語，主要是配合原本希臘文「聖靈」這詞的相關意思，它既可以指「聖靈」，也可作「風」解。主耶穌也曾利用這相關的意思，描述聖靈重生的工作就好像風一樣來去無蹤(約三8)。有趣的是，「風」(或「氣息」)與「靈」在希伯來文也是同一個字，因此，以西結書也語帶相關地用「風」、「吹氣」來描述聖靈的工作(結三十七1～14)。

8. 二2～3：在聖經中，火燄和旋風是上帝顯現和行事時常見的跡象(王下二1、11，六17；伯三十八1；賽五十九19)。此外，火跟審判、刑罰相關，常指懲罰惡人的地方(林前三13～15；帖前四16)。

9. 二15：猶太人有很嚴謹的宗教生活規矩。虔誠的猶太人和敬畏上帝的外邦人會遵行一日早(約9時)、午(約3時)、晚(日落)3次的祈禱。

10. 二20～21：因為希臘文舊約聖經(即《七十士譯本》)把「耶和華」翻成「主」，而在新約聖經裏，耶穌又被稱為「主」，因此，在新約聖經中提及舊約引文時，作者有時會刻意將本來是指耶和華的「主」，轉而指向耶穌。這裏就是一個例子，彼得在引用約珥書時，他明顯把原來指耶和華的「主」字，變成指「主耶穌基督」。

11. 二25：「右邊」是聖經中常見的術語，其象徵意義甚廣，一般指與主位一方有非常密切的關係；按此，說耶穌坐在上帝的右邊，實指耶穌與上帝有非常密切的關係，句中的「在我面前」帶有同樣的象徵意義。

12. 二27：「腐爛」(《和合本》譯作「朽壞」)一詞是指「墳墓」。

溫習問題

1. 耶穌臨升天前給門徒的吩咐是甚麼(參一8)?
2. 根據一章3至5節的記載，耶穌在復活後的40天裏向門徒講述了哪方面的事?
3. 使徒們問耶穌有關以色列復國的問題，原因何在呢?
4. 補選一個使徒代替猶大的意義何在?使徒行傳一章21至22節所列舉的選舉使徒的資格有何特別?
5. 耶穌升天有何神學意義?
6. 對基督教來説，「五旬節」有何意義?
7. 為何在五旬節那天聚集的會眾會以為信徒們喝醉了酒(參二13)?
8. 彼得的第一篇講道引用了哪一段舊約經文?他如何回應那些聽道後感到扎心的人(二37～39)?
9. 試簡述初代教會的生活(二43～47)。
10. 為甚麼初代教會採取自發性的共產生活模式呢?

第三章

初代教會的縮影

（三1至六7）

- 教會之首彼得
- 教會內部的問題

教會是否在五旬節那一天成立，很難說，但明顯的，五旬節之後，基督教會的人數就劇增起來。這雛型的教會已經有一定的組織，而彼得也愈來愈表現出他的領導地位。在使徒行傳三章1節至六章7節所記載的事蹟中，雖然經文清楚指出有「彼得和約翰」，但說話的人總是彼得。此外，作者亦記錄了另一些事情，反映初代教會所面對的挑戰和掙扎。

3.1 教會之首彼得(三1～四31，五12～42)

釋經短註1~9

你若是那生來瘸腿的乞丐，既經歷這神奇的醫治，又知道猶太人議會與彼得等人的爭拗，你的反應會如何呢？

在一次的午禱時分(下午3時)，當彼得和約翰上聖殿敬拜時，一個生來瘸腿的乞丐(已經有40多歲)向他們要錢，彼得反而主動醫好了他的病。3人同進聖殿，得醫治的那人高興得跳躍著讚美上帝，成就了以賽亞書的救贖應許：當上帝的拯救來到的時候，「跛腳的能像鹿跳躍」(賽三十五6)。眾人都吃驚地睜大雙眼，緊盯著這位從前是瘸腿的乞丐；連攻擊使徒的人亦不能否認所發生的奇妙事情(四16)。彼得於是把握這個時機，站起來，在5000多人面前為耶穌作見證，激勵眾人悔改。

彼得的講道

按使徒行傳的記載，這是彼得第二次的公開佈道，而路加這次複述的講章(三12～26)較第一篇(二14～36)簡短。留意兩篇講章的主題非常接近：那被猶太人(主要指民間的宗教領袖)釘在十架上的，其實就是列祖和眾先知所預言的基督，他已經復活了，現在大家必須悔改。事實上，這與彼得在猶太人議會中所申辯的內容也很相似(四8～12)：醫好這個瘸腿乞丐的是耶穌，他雖被釘在十架上，但上帝已使他從死裏復活；猶太人雖然把他丟棄，但上帝已經選立他為「最重要的基石」。

彼得在這次佈道中帶出了一個相當特別的信息。在三章19至21節中，他說悔改信主的人將會有「靈力更新」的經歷。接著，他便提到上帝會差遣祂所揀選的基督耶穌第二次來臨，然而他不是馬上來臨，而是要等到「萬物更新」(參釋經短註4)的日子來到。彼得將這兩點連在一起，意思可能是：在耶穌還未再次來臨的這段等候的日子，悔改信主的人能夠先嘗靈力更新的滋味。

為甚麼初代教會的講章如此強調耶穌的復活呢？你認為耶穌復活這件事在今天是否仍有價值呢？

在新約時代的猶太人議會中，主要成員都是撒都該人。由於這派的人並不相信死人復活的事，所以對於彼得和約翰所見證和宣講的復活基督，當然強加禁止。他們在彼得講道後立即拘捕彼得和約翰，並把他們關進監獄。次日在猶太人議會裏，眾領袖嚴厲地警告了他們一番，但彼得被聖靈充滿，與他們辯駁，始終不肯向他們低頭，最後還頂嘴説：「在上帝面前，聽從你們對，或是聽從上帝對呢？你們自己判斷吧！我們所看見所聽到的，不能不說出來。」(四19～20)彼得(和約翰)表達的理據井然有序，猶太教的領袖既找不出處罰他們的理由，又在羣眾的壓力之下(四21)，就只好釋放了他們。

彼得和約翰的確了不起，如此大膽地與整個議會抗衡，這就彰顯了被聖靈充滿、見證基督的能力。由於他們深信耶穌就是基督，就是彌賽亞，所以認為那些把耶穌釘在十架上的猶太人領袖——希律和彼拉多一干人等——都是敵擋上帝的。然而，猶太人的攻擊卻成就了上帝預定的旨意。留意路加在四章23至30節記載彼得的禱告，作者把這些猶太人領袖比作舊約時代攻擊上主的「外邦人」；作者似乎暗示，這些串同外邦官長攻擊主耶穌基督的以色列人不是真

彼得與約翰不怕強權，站在眾人面前為主作見證，試想你是其中一位聽眾，你會有甚麼反應？你也有這勇氣為主作見證嗎？

正的以色列人，他們通通都是外邦人，而初代教會正是從主流的猶太羣體分家出來的真正以色列人。

從使徒行傳的內容，我們可見作者有意顯出，耶穌在世所行的神蹟奇事，在初代教會的時期亦繼續出現，且歷久不衰。彼得醫治生來瘸腿的乞丐一事，只是眾多神奇事情中的一件而已。然而，特別之處是，這事件與幾年前耶穌在耶路撒冷醫好一個生來瞎眼的乞丐一事遙相呼應（約九章）。由此可見，路加刻意強調的是，彼得、以至其他使徒都有醫病、趕鬼和講道的恩賜能力顯露出來，就如他們的主一樣；而這個消息亦開始流傳開來。於是，許多病人排隊等候，希望彼得的影子投在他們身上，他們就可得到醫治（五15）。使徒們無論走到哪裏，周圍都聚集一大羣人，尋求醫治或趕鬼；使徒所具有的威信，與他們的老師耶穌無異。大祭司和撒都該派的人當然不願意這情況蔓延下去，所以便再次逮捕使徒——這一回不只逮捕彼得和約翰，可能還包括其他人。但夜半時分，有天使前來解救，次日天剛破曉，使徒們又回到聖殿，照常教訓人，並受到羣眾的熱烈歡迎。

使徒們終於再被帶到議會受審。大祭司再次警告使徒，命令他們停止傳講耶穌的教訓，但使徒仍照之前一樣的回答他們（五29；參四19～20），不肯屈服。在議會領袖的眼中，有些人大概會認為，既沒有辦法使這羣冥頑不靈的使徒屈服，就把他們殺死吧。正當雙方僵持不下之際，有一位很有智慧的拉比，名叫迦瑪列，提議不要貿然行事，並指出假如使徒說謊，他們最終注定要失敗；反之，如果他們真的代表上帝，則無論如何刁難他們，他們都會成功。撒都該人聽從了這番勸告，只將使徒鞭打了，又嚴厲命令他們不得再藉耶穌的名講道，就

面對危急的形勢，一般人的做法通常是先躲避一會兒，但這些使徒卻竟然立即返回聖殿，繼續傳福音，你認為他們如此果敢的原因何在？

把他們通通釋放了。眾使徒為自己「配得為耶穌的名受凌辱」，心裏反而歡喜。回去後，照常天天傳揚主的道。

你經歷過因「配得為耶穌的名受凌辱」的喜樂嗎？

迦瑪列為使徒辯護

這位迦瑪列其實是當時掃羅（即那位把福音廣傳到外邦人中間的保羅）的老師，那麼，他講這番話的用意何在呢？

有些人認為，這反映他當時已經開始對基督徒有好感；也有人認為，他只是把老實話說出來。事實上，從猶太教立場來看，使徒所傳的沒有甚麼特別，他們大可以歸類為當時末世思潮的狂熱者之一。自稱和聲稱某人是基督大概不會算是犯法，人家只會當他是瘋子，或是某些極端分子。使徒們傳死而復活的事，可能只會惹怒撒都該人，至於對其他人，這只是一些令人厭煩的宣傳技倆而已。作為一個學者，迦瑪列較能夠用一種持平和包容的態度處之，在他心目中，大概認為這班基督徒會像其他的狂熱組織一般，不久便會自動煙消雲散，不值得費勁處理。迦瑪列這個案可證明，當時不少猶太人都視初代基督教會為一支新興的猶太宗教羣體，相對於主流的猶太教羣，他們只是偏於邊緣的一支小羣，這也可解釋為何當時有「許多祭司也接受了這信仰」（六7）。

3.2 教會內部的問題（四32～五11，六1～7）

釋經短註10~14

教會人數不斷增加，問題也開始產生；這並不奇怪，因為教會本身就是罪人聚集的地方。

在彼得和約翰兩次入獄期間，教會發生了一件事。信徒按聖靈的感動把自己的財物變賣，交到教會，讓眾人分享，這本來就是一件自願性的美事，教會也沒有向信徒發出任何有約束性的指引。然而有些人一方面嚮往這種「施比受更為有福」的屬靈福氣，但另一方面又未甘心如此罷上，就決定假裝起來，嘗試欺騙自己、欺騙上帝。

今天教會難免也有像亞拿尼亞夫婦這類人，為甚麼上帝要如此嚴厲地懲罰亞拿尼亞和撒非喇呢？

使徒行傳記載了一對名叫亞拿尼亞和撒非喇的夫婦（五1～11）；他們賣了一些田產，卻留下一部分錢，把剩下的交給使徒，並假裝這些錢就是一切所有的。在路加的描述之下，彼得就好像摩西一般，滿有權柄地施行審判，他的判詞帶著上帝的能力，結果兩人相繼仆倒，斷氣而死。兩人的罪名當然不是吝嗇或貪婪，而是企圖欺騙聖靈、欺騙上帝（五3、4、9）。作者要藉著這個故事向當時的人和每一個時代的信徒說明，教會的頭是上帝：欺騙教會的，就是欺騙上帝（太十六18～19）。在作者的描述中，這兩人的行徑與之前一段有關巴拿巴的描述（四36～37），成了強烈的對比。

萬事起頭難，上帝對亞拿尼亞和撒非喇這樣嚴厲的審判，是要在開首的時候就表明祂聖潔的標準，警戒後世信徒。這就如上帝在設立祭司制度時，曾擊殺亞倫那兩個獻凡俗香火的兒子一樣（利十1～3），透過殺一而警百，免得人藐視上帝的聖潔。

按著「所有東西大家公用」的原則，教會乃是按照各人的需要把錢分給大家，因此，原則上，在教會應該是「沒有人缺乏甚麼」的（四34～35）。然而，事實卻並非如此理想，第六章1節所指出的實況是：

> ……那些說希臘話的猶太人和說希伯來土話的猶太人之間發生了爭執。說希臘話的猶太人埋怨使徒在分配每日的生活費這事上疏忽了他們當中的寡婦。

倘若今天有人在「分配每日的生活費」這事上被忽略，這種埋怨和爭執將不簡單呢！路加不想誇大教會內部的不和，只是輕描淡寫地帶出人際問題的存在。

這裏指出有3類人，分別是「說希臘話的猶太人」、「他們當中的寡婦」和「說希伯來土話的猶太人」。這些說希臘話的猶太人為他們的寡婦抱不平（是自己人嘛！），因為使徒（大概都是說希伯來土話的）在「每日」的供給上忽略了他們的寡婦。誰是「說希臘話的猶太人」？對一個成長於猶太地的猶太人（即文中的「說希伯來土話的猶太人」）而言，「說希臘話的猶太人」就是「希臘化的猶太人」，他們差不多相等於自由派的猶太人，對猶太的傳統並不執著，又擁抱希臘文化和思想；那就相等於40年代國內受西洋文化影響的年青人（或知識分子）一樣。希臘化猶太人與保守的猶太人常因觀點不同而多有磨擦，而教會的圈子亦不能倖免，有這情況出現。

你的教會有否這類因成長、教育或文化背景不同而產生的隔閡問題呢？

姑勿論這「每日」的忽略是否故意，但就早期教會人種之多和品流之雜而言，這些事的發生實不足為奇。結果，因這事而選立的7位執事（《現修》譯作「助手」）可能全部都是希臘化猶太人——從他們的希臘名字可推論這點。這一舉動是頗為有趣的，大概可證明一點：思想較開放的人待人處事可能會較客觀、以事論事，也許會較公平。

初代教會的執事除了協助處理教會事務外，同時也協助使徒廣傳福音。這與今天教會的執事有何分別？今天教會執事的工作又能否達到這職事的目的？所面對的難處何在？

儘管這7位執事是如何「有名望、受聖靈充滿、又有智慧」（六3），我們也不應該期望他們一下子就把教會中人際間的隔閡完全化解。但無論如何，他們的出現的確令十二使徒更能「專心於禱告和傳道的任務」，以致使徒行傳的作者在這裏加插了這個段落式的結語：「上帝的信息繼續傳開；在耶路撒冷的門徒數目增加很多，許多祭司也接受了這信仰。」（六7）

釋經短註

1. 三8：能夠把生來瘸腿的病醫好當然是高興，但身為猶太人，更重要的是，這是他第一次進入聖殿，因為按猶太人的律法規定，瘸腿或跛腳的人都不能進入聖殿(參撒下五8)。

2. 三11：這所羅門廊是位於聖殿外園(即能讓外邦人進入的地方)東面的露天走廊(參約十23)。

3. 三13~14：第13節「他的僕人耶穌」(參賽五十二13)和第14節「他是聖潔公義的」(意即「聖者和公義者」)，都是猶太人對彌賽亞常用的指稱。

4. 三20：「靈力更新」(《和合本》譯作「安舒」)的日子是指基督第二次降臨時，要把原來被制伏於罪惡之下的萬物拯救出來。值得留意的是，「更新」一詞與第一章6節的「恢復以色列國的主權」中的「恢復」源自同一個詞。路加選用這詞是要表明，教會對末世的期盼與猶太教的截然不同，猶太人切切記掛的仍只是自身民族得拯救，但教會卻盼望萬物都得拯救。這一點正好與彼得重提亞伯拉罕的使命一致：「上帝對亞伯拉罕說過：『我要藉著你的後代賜福給地上萬民。』」(三25)

5. 四1：「聖殿的警衛官」(《和合本》譯作「守殿官」)並非一般守衛，而是維持聖殿秩序和安全的利未人，他們的權力非常大，亦能從民中得到很多私利。

6. 四4：這裏特別指明信主的「男人」(即成年男子)已接近5000名。這是古代人計算人數的典型方式，一般只計算成年男子的數目，而女性和孩童都不在計算範圍之內；但留意第二章41節則說「三千人」，原文直譯是「三千條性命」，卻沒有男女長幼之別。

7. 四5~6：根據現有的資料得知，在這個時候當大祭司的應該是該亞法；但可能由於亞那是該亞法的岳父，所以亞那的影響力甚至蓋過該亞法。留意文中特別提及「大祭司的親屬都在座」，我們不難想像，當時猶太人議會的組織和運作必定牽涉很多親屬間的關係。

8. 四12：在新約時期，羅馬人會稱羅馬皇帝為「救主」或「神」，彼得或路加在這裏特別強調「拯救只從他而來」，可能是要抗衡當時對皇帝的敬拜。

9. 五36~37：文中提及的杜達(《和合本》譯作「丟大」)，其身分未能確定；1世紀的猶太裔歷史家約瑟夫曾記載一名杜達，但他所帶領的叛亂卻發生於較後期(約公元44年)，即迦瑪列在議會講論(約公元35年)之後。不過，這不一定代表路加弄錯了，因為杜達是一個相當普遍的名字，而在希律大帝死後(公元前4年)，巴勒斯坦確曾有多次的叛亂發生，杜達極可能是這期間冒起的一名叛亂分子。況且，約瑟夫的著作完成較路加的使徒行傳更晚，弄錯的也有可能是約瑟夫。至於另一位猶大，則配合約瑟夫所提供的資料，他煽動的叛亂發生於公元6年，主要是抗議繳稅給羅馬政府。

10. 五2：「留下一部分錢」的原文經常指一些虧空公帑的事情。

11. 六1：這裏所謂的「希伯來土話」並非指「希伯來語」，而是指「亞蘭語」。由於希伯來語和亞蘭語都用同一組字母，所以古時的人一般視亞蘭語為希伯來語的一種。

12. 六3：留意選立執事(助手)的資格是：有名望、受聖靈充滿、又有智慧；而他所負責的工作不單單是飯菜派發的事情，更是要處理教會複雜的人際關係。

13. 六2～4：管理膳食並不是低下的工作。在希臘原文中，第2節的「辦」(《和合本》譯作「管理」)和第4節的「(禱告和傳道的)任務」(《和合本》譯作「事」)是源於同一字根，都是事奉的意思。新約裏多次提到的「執事」《和合本》也是源自同一字根。不少人相信這7位被選立的人就是新約教會的第一班執事。

14. 六5：作者特別詳細地介紹司提反，是為下一章有關司提反的佈道和殉道鋪路。

溫習問題

1. 那個生來是跛子的之所以那麼高興，除了因為能得痊癒、再次走路外，還有甚麼原因呢？(三1～10)
2. 初代教會所宣講的講章有何重點或特色？
3. 為何猶太議會的宗教領袖要捉拿彼得和約翰(四1～4)？為何彼得等人會如此大膽地與整個議會抗衡？
4. 你認為使徒行傳第四章8節和31節所描述的「聖靈充滿」與本書2.2部分所論及的有何不同？
5. 彼得醫治人的神蹟必定有許多，但為甚麼路加特別記載發生在所羅門廊下的這一件呢(三11)？
6. 為何迦瑪列要為使徒們辯護？他偏袒使徒？抑或只是說一番客觀的話？
7. 在五章1至11節中，亞拿尼亞夫婦所犯的是甚麼罪？為何他們遭受到這麼嚴重的懲罰？
8. 嘗試根據六章1至4節，簡述當時教會裏人際關係複雜的情況。
9. 六章1至7節所發生的事件對初代的耶路撒冷教會生活起了甚麼樣的變化？
10. 初代教會選舉執事的基本條件是甚麼(六2～5)？他們怎樣促使福音的廣傳？

第二篇

在逼迫中成長的教會

教會人數多了，組織和架構龐大了，資源不斷增多，會眾就很容易自滿，忘記了教會存在的真正意義和耶穌基督的使命，今天的教會如是，初代教會也不例外。然而，上帝未有遺忘祂的計劃，祂要親自「推動」初代教會實踐傳福音的使命。在以下的一段歷史裏，我們要見證上帝如何藉著一些逼迫，把教會的地界從耶路撒冷擴展至各地，而第一步就是要到猶太人最討厭的地方撒馬利亞去。

使徒行傳的第二個段落（六8～九31），記載初代教會如何向耶路撒冷以外地區踏出第一步。這段落的事蹟的主角不再是耶路撒冷的十二使徒，而是第二線的教會領袖，包括司提反、腓利，以及當時叫人聞風喪膽的掃羅（即保羅）。表面上，這3個人似乎沒有甚麼共通點，但在路加的鋪排下，司提反是日後歸主的保羅的啟蒙者，而腓利則是向外邦人傳道的拓荒者，為保羅立下模範。

第四章

從耶路撒冷到撒馬利亞

（六8至八40）

- 司提反之死
- 腓利：第一位宣教士

本章所論及的章節，可謂記載了自耶穌離世升天以來，初代教會所陷入的最大危機。當時耶路撒冷教會所面對的逼迫是前所未有的，亦是使徒行傳中最嚴峻的一次。7位執事中最為能幹和最有能力的司提反，竟在暴亂中被羣眾用石頭活活打死。教會差點兒要擔負背叛猶太傳統的罪名並被查封。另外，掃羅兇惡的威逼，也使不少人離開教會，各散東西。然而，上帝卻使這危機變為教會傳福音的契機。在上帝的旨意中，萬事都互相效力。

4.1 司提反之死(六8～七60)

● 釋經短註1~7

在今天教會組織中執事的職能，其實與初代教會較後期階段的執事(見於保羅書信中的教牧書信)職能較接近。至於在教會歷史上最初期的執事(六1～6)，則似乎都是全職的，而所負責的職務主要是協助使徒們處理教會中事務性的工作，因此，最初期的執事實際上與今天教會中的幹事較相近。

然而，上帝給我們的恩賜，不應該受某崗位的工作範圍所限制。在那7人中，有一個名叫司提反的，路加特別描述他：「是一個信心堅定、被聖靈充滿的人；……充滿著上帝的恩賜和能力，在民間行了大奇事和神蹟。」(六5～8)司提反的雄辯口才更使反對者無法辯駁。為封住他的嘴，他們就捏造了一個褻瀆的罪名，把他抓住，拉到猶太議會去。當被問及所控罪名是否屬實之時，司提反回顧以色列人對上帝不忠的歷史，最後反而譴責控告他的人，犯了殺害上帝所差派「那公義的僕人」的罪。

作者路加要藉著司提反那篇長長的講道(七2～53)，展示幾個重點：

要理解這篇講道如何挑釁那羣猶太教的領袖，我們必須了解文中的一些猶太背景。試細讀這裏的幾個重點和有關的釋經短註，再重讀這段經文，看你能否體會猶太教領袖的忿怒。你認為哪一點最令他們反感呢？

❶ 這篇講道可能代表初代教會使徒們講道的信息，藉著憶述上帝拯救的恩典是從亞伯拉罕，以及他的兒子以撒和孫子雅各傳到在埃及的以色列人，使徒們著意勾劃新約教會所傳的福音與猶太人傳統的密切關係。毫無疑問，在場的猶太人必定非常驚訝，這位「洋化的猶太人」竟然如此熟悉以色列人的歷史。

❷ 關於坐落在耶路撒冷的聖殿，司提反強調，在曠野的聖幕才是上帝最原先的「聖殿」。這聖幕是上帝吩咐摩西照著他所看見(大概是在西奈山上看見的)的樣式造的，亦是以色列祖宗所繼承的；至於耶路撒冷的聖殿則是後期才建成的(七44～50)。司提反引用先知以賽亞的話來證明這個輝煌的聖殿根本沒有甚麼了不起，其實不配作為那創造天地之主的真正容身之處。留意第48節，司提反形容猶太人的聖殿為「人所建造的殿宇」；這短語通常用來形容外邦殿宇。

❸ 司提反以昔日以色列人對先知們的頑梗違抗，作為他的聽眾拒絕耶穌的類比，他責備他們與「以色列的祖先」同樣反叛。留意在司提反陳述歷史時，每次提及「祖先」都會以「我們的」(七11、19、38、45)來形容，然而，在末段責備的話中(七51～53)，他卻轉用「你們的祖先」，藉此與當時頑固的領袖劃清界線。此外，司提反被控告的其中一項罪名是反對摩西的律法，但當他提及摩西所領受的「律法」時，他反而用「永恆的信息」來表示(38節；《和合本》譯作「活潑的聖言」)。在某程度上，司提反可能是要指出，領袖們的「律法」已經混雜了很多後加的東西(例如那些口傳的律法)，與原先的聖言有別。

司提反的信息既闡述基督信仰與猶太教傳統的深厚淵源，又明斥當時猶太教領袖的閉塞愚頑；這反映司提反對「律法」和「聖殿」等最基本概念的理解與猶太教領袖的有很大的分歧。

正當那些猶太教領袖對司提反咬牙切齒之際，司提反又宣稱，他看見天門開了，人子——耶穌——站在上帝的右邊，表明主耶穌已與上帝一同掌權（七56）！這時，那些控告他的人已經到了忍無可忍的地步，眾人都「大聲喊叫，用手掩耳」，不要聽這番對他們來說是褻瀆的認信，他們一擁上前，將司提反推出城外，在暴亂中用石頭把他打死。司提反以耶穌在十字架上的禱告為他最後的祈求：「……『主耶穌啊，求你接納我的靈魂！』他又跪下來，大聲喊說：『主啊，不要把這罪歸給他們！』他說完這話就死了。」（七59～60；參路二十三34）。

你認為司提反是一位極端的基督徒嗎？抑或是一位真正的殉道士？在你的周圍，有否像司提反這類性格的人呢？

從這篇講章我們可以看到，司提反大概不會直接說出一些「反對我們的聖殿和摩西的法律」的話（六13～14），但明顯地，他很可能會像今天教會中那些「拚死無大礙」的知識分子一般，說一些非常前衛和大膽的話（又對傳統諸多批評？！），以致給人家抓到把柄：「我們聽見他說這個拿撒勒人耶穌要拆毀聖殿，要改變摩西所傳給我們的一切傳統！」（六14）這是使控訴得以成立的關鍵；而司提反的事件也促使整個猶太教羣體對初代教會採取極端打壓的行動。

就在司提反被人以亂石襲擊之際，有一名叫掃羅（就是後來的保羅）的年輕人站在一旁，觀看並贊同暴徒的行為。他後來成了禁絕猶太人信從耶穌的急先鋒，甚至挨家挨戶地搜捕信主的猶太人。

在這情況下，聚集在耶路撒冷的信徒開始分散，並到各地傳福音（八4）；惟有使徒則仍舊留守耶路撒冷。

耶穌──司提反──掃羅

在路加的編排下，司提反的殉道不單是初代教會歷史發展的關鍵事件（導致信徒分散，福音廣傳），在救恩計劃的開展上，這事件同樣佔著承先啟後的重要位置。

我們首先注意到，路加刻意將司提反的殉道經歷對應著主耶穌的受難事件，例如猶太人對司提反的指控和他們對耶穌的指控就十分相近；而且，與耶穌受審時的遭遇一樣，猶太人同樣收買假證人來誣告司提反，指控他攻擊聖殿和律法，並指控他揚言耶穌必要拆毀聖殿（六13～14；參可十四57～58，十五29）。司提反在臨死時看見人子在天上站在上帝右邊掌權的異象，也使我們想起耶穌在受審時所說的話（七56；參可十四62）；而司提反在死前為敵人祈求免罪的做法也與耶穌一樣（七60；參路二十三34）。由此可見，在路加的筆下，司提反儼如承繼了耶穌的衣缽。換言之，一個漸漸脫離猶太教規範的福音其實並不是源自司提反，真正的源頭乃是耶穌自己的教訓。

其次，掃羅也承繼了司提反的衣缽。路加刻意指出，掃羅是司提反殉道的見證人，並贊同暴徒把他殺害（七58、60）。後來，當保羅在耶路撒冷申辯時，在他的辯辭裏也特別提到這事，作為自己最初對基督徒充滿仇恨的最佳例證（二十二20）。及至掃羅信主後，曾與講希臘語的猶太人辯論（九29），正如司提反所作的一樣（六9）。猶太人對保羅的指控是他反對律法和聖殿，並沾污上帝的聖殿，這顯然跟他們對司提反的指控無異（二十一28）。

4.2 腓利：第一位宣教士（八章）

釋經短註8~12

在7位執事中，司提反明顯是最突出的一位，但就傳福音的熱心而言，另一位執事腓利則可謂有過之而無不及。在使徒行傳中，腓利是第一位到猶太省以外地區傳福音的宣教士。

我們不知道「**那些分散的信徒**」（八4）大概有多少人，但明顯其中不僅是一般信徒而已，還有一些像腓利般的教會領袖；他們不是不留戀耶路撒冷，只是他們想把這個危機轉化為傳福音的契機。在使

你的羣體曾否有過這種由危機轉化為傳福音契機的經歷呢？

徒行傳中，腓利是非常重要的人物，因為他屬於最早將福音帶出耶路撒冷的那批人(當然，在五旬節當天信主的人，有很多都會把這福音帶回自己居住的地方)。事實上，若腓利不是這種思想開放、有濃厚希臘文化背景的猶太人，大概也不會有這種負擔，向撒馬利亞人傳福音。

腓利去到撒馬利亞，趕出邪靈，醫治病人，大得名聲。留意作者描述腓利的字眼與昔日描述使徒彼得的很相似。作者更特別提及一名叫西門的術士跟著他。雖然西門似乎已經信了主，但他仍然帶著舊有生命的價值觀，深深被腓利所行的異能和神蹟所吸引。及至彼得和約翰來到撒馬利亞視察，並給當地信徒按手，使他們領受聖靈，西門竟想用金錢換取這種屬靈的權柄(八9～24)，結果倒使自己陷在嫉妒中。明顯的，雖說這位西門已信了主，或許應該說他已表示接受主，甚至受了洗(八13)，但按經文所載，他似乎還未領受聖靈，且尚未悔改，亦未離棄邪惡；所以嚴格來說，他還未算真心歸主。

在一個倡導「凡物皆有價」的社會中成長，我們或會把舊生命的積習帶進新的生命裏，以為能藉錢財獲得屬靈的恩賜。你可曾以為屬靈恩賜是可以討價還價，換取得來的呢？

聖經中的法術

「法術」(magic)是人類就生活中某些不能確定的事情向神祇尋求幫助與解答的途徑。從廣義來說，法術這詞所指的範圍，包括說預言、巫術、趕鬼、魔法和占星術等，基本上，這與「宗教」沒有太大的分別。從狹義來說，這詞可特指「巫師／術士」所施行的法術；在某程度上，這是一種專業，而術士也成為很多異教國家的謀士。根據考古學的發現，法術在部分猶太人中間也是非常流行的，但這不一定說，他們是受到鄰近的民族所影響，因為法術在古代社會非常普遍，亦幾乎可見於所有的宗教中。使徒行傳也曾提及幾位猶太裔的術士，如這裏的西門和十三章6至8節所提到的「巴．耶穌」(他的別名為「以呂馬」，意即「行法術者」)。

舊約聖經多處禁止猶太人行這類「邪術交鬼」的事(參出二十二18；利十九31；申十八9～13)，主要是因為耶和華是掌管宇宙萬物的上帝，祂是惟一祈求的對象。用法術的途徑來探求未知的事，顯然反映對耶和華的不信任，因為耶和華與一切法術(或邪術)的力量是對立的。撒母耳記上二十八章記載了以色列國第一任的王掃羅為求問撒母耳的亡魂而向一個交鬼的婦人求助，這就表明了他已經離棄耶和華。在聖經裏，提及「法術」這種行徑往往意味著上帝子民將遭受欺騙(撒上二十八15；王下九22；耶二十七9～10；徒十三10～11)。

在大使命的實踐上，腓利的功勞實在不少。按使徒行傳記載，他既率先把福音帶到撒馬利亞，亦首先將福音傳給外邦的猶太教信徒。在路加的心目中，腓利像司提反一樣，也是後起的保羅的先鋒。

離開了撒馬利亞，腓利得天使的指示進入迦薩(Gaza)的曠野，遇見了一位衣索匹亞(一般稱為「埃塞俄比亞」；Ethiopian)的太監。他是一位地位很高的政府官員，在耶路撒冷聖殿敬拜後，正在回家的路上與腓利相遇。腓利因聖靈的指示，就靠近太監的馬車行走，聽到太監正誦讀以賽亞書(古時的人常常大聲朗讀宗教經典)的一段經文，記載一位無辜的「受害者」甘願為贖他人之罪而受死的事(大概是以賽亞書五十三章)。雖然這人可能已經是猶太教徒，又對當時的猶太文化和歷史背景有相當的認識，但他並不比我們中間的大多數人懂得更多。於是腓利把握這個機會告訴他，在耶穌身上所發生之事正好應驗了這段經文。太監當下即接受了福音，且主動提出受洗的要求，腓利就為他施洗。聖經記載說：「他們從水裏上來的時候，主的靈把腓利帶走；太監再也看不見他了。他繼續趕路，滿心快樂。」(八39)

你是怎樣信主的？你可想像到有人竟然會因閱讀以賽亞書而信主嗎？衣索匹亞的太監信主，腓利可謂功不可沒；沒有腓利，以賽亞書對那位太監而言，仍然是一卷深奧難明的書。願你能成為你身邊的人的「腓利」！

太監與以賽亞書

在這個故事裏，太監和以賽亞書其實是一個帶有濃厚神學味道的配搭。

以賽亞書是路加最喜歡引用的舊約書卷之一。在路加福音裏，以賽亞書提供了施洗約翰(賽四十3～5；比較路三4～6)和耶穌(賽四十二6～7，四十九6，六十一1～2；比較路二32，四18～19)的傳道任命(包括向外邦人傳道)的根據。在使徒行傳裏，以賽亞書的信息也成了門徒批判猶太人的不信，並將福音傳給外邦人的根據(賽六十六1～2；比較徒七49～50；賽四十九6；比較徒十三47；賽六9～10；比較徒二十八26～28)。

根據舊約律法，身為一個外邦人，並且是一個太監(申二十三1)，可謂雙重被拒於以色列的敬拜羣體之外。然而，按以賽亞的預言，當新的救恩時代來臨時，這些都不再成為障礙。路加詳細描述的第一位信主的外邦人正是一個太監，這似乎也應驗了以賽亞的預言：

> 55[5]現在你要召集列國；它們從前不認識你，……[6]趁著上主可尋找的時候要尋找他；趁著上主靠近的時候要求告他。……56[1]上主對他的子民這樣說：『你們要秉公行義，因為我就來拯救你們。……』[3]皈依上主的異族人不可以說：『上主絕不會讓我跟他的子民一起崇拜。』經過閹割的人不必說：『我是一棵枯樹。』(賽五十五5～五十六3)

當腓利靠近那位衣索匹亞的太監時，雖然正聽見太監誦讀以賽亞書，但大概連腓利自己也不知道，這段經文已經應驗了。

之後，上帝又帶領腓利到別的地方傳道(八39～40)。他在地中海沿岸地帶工作，直到凱撒利亞；在那裏，他就定居下來。他在初代教會中被稱為「傳道人腓利」(二十一8)，可能是因為要把與他同名的使徒腓力(參太十1～4；可三13～19；路六12～16；徒一13)區分開來。腓利可能是第一個(或是首批)將福音傳入非洲的人。

腓利向撒馬利亞人和外邦人傳福音，耶路撒冷教會(和使徒們)是否支持呢？

任何客觀地閱讀使徒行傳的人都會發現，將福音傳到「天涯海角」(包括撒馬利亞)，最「落力」、最使勁的人並不是耶路撒冷的12位使徒，而是其他人，諸如腓利、保羅(即掃羅)和他的隊工等等。事實上，按路加的記載，除了彼得曾向哥尼流一家傳福音外(見下一章)，沒有一位使徒曾經參與外邦的宣教工作。不過，使徒不專注或不熱衷於向非猶太人傳福音，並不等於他們會阻撓或不認同這方面的需要。在這個敏感的環節上，路加很小心地記錄了這段時期的發展，既不扭曲歷史，亦不誇大問題，免得造成教會的分化。

腓利在撒馬利亞傳福音，一段日子過後，路加告訴我們，耶路撒冷教會特別差派彼得和約翰到撒馬利亞，一方面是「查問信德」，另一方面是肯定耶城教會和撒城教會的關係(八14～17)。除了一些如行邪術的西門這類心術不正的人外，彼得和約翰不單非常滿意教會的發展和素質，更深受腓利的異象所感染，以致他們在回耶城的途中，也「在撒馬利亞的許多村鎮傳福音」(八25)。

教會是屬於大家的，而異象則可以是非常個人的感動，只能與人分享，不能勉強別人認同。我們要容許教會的人(包括領袖)有不同的異象和抱負，也要容許不同的人在領受的時間上各有先後。至於教會領袖方面，儘管對會友所體會的異象是抱開放的態度，也未必能最敏鋭和快速地體會上帝的心意。無論如何，我們都應以「合一」為重，切忌以一己異象分裂教會。

倘若你滿有傳福音的熱心，但卻身處一所對大使命沒有多大負擔的教會，你會怎樣反應呢？你從腓利身上學到甚麼功課呢？

釋經短註

1. 七2～53：留意在司提反的講論中，「埃及」這名稱出現 14次之多；這可能是要提醒聽眾，上帝的作為不是單單在以色列領土內才彰顯，即使在埃及，祂依然有其作為。大概也是基於這個原因，所以司提反特別指出，當亞伯拉罕遠在美索不達米亞，還未到應許之地時，上帝已向他顯現(參創十二1～4)。及至當他到達應許之地之初，上帝仍沒有給他任何地業，但卻一而再地與他堅定所立的約(參創十二5～9、十五章、十七章)。換言之，上帝的應許和作為並不受地域所限。

2. 七14：希伯來文舊約聖經創世記四十六章27節和出埃及記一章5節所提供的數目是「七十」，但使徒行傳卻根據《七十士譯本》的創世記和出埃及記的記載，數目是「七十五」；有幾份死海古卷的抄本也支持「七十五」這記載。

3. 七22：猶太傳統均認為摩西有絕好的口才。然而，按出埃及記四章10至16節所記，摩西卻自命是「笨口笨舌」的人；這大概因為摩西曾遭自己同胞拒絕，流落異地多年，當年的雄心壯志已經消磨盡失，所以借詞推搪上帝的呼召和任命。

4. 七30：按出埃及記三章1節的記載，這山應該是指「何烈山」，但使徒行傳卻稱之為「西奈山」；在聖經中，「何烈山」和「西奈山」是指同一座山。

5. 七38：按舊約聖經的記載，耶和華是親身把十誡交給摩西的，但後期的猶太教傳統卻指律法是由一位中介的天使傳給摩西的(參徒七53；加三19；來二2)。這種改變可能是基於一種神學發展，漸漸為上帝塑造了一個與世人較為分隔的形象，而這觀念在兩約之間非常普遍。

6. 七42～43：文中的「摩洛神」是迦南地的神名，敬拜摩洛的信徒經常將自己的兒女作為祭物獻上(利十八21；耶三十二35)；「理番神」則與阿摩司書五章26節所提及的「迦溫星神」一樣，被視為某星座的君王。司提反在這裏所引用的經文取自阿摩司書五章25至27節的《七十士譯本》版本，這與(希伯來文)舊約的文本有顯著出入：「以色列人哪！在曠野的那四十年間，你們何嘗獻牲祭或供物給我！現在你們得背起自己雕刻的偶像——撒固王神【註：美索不達米亞的神名】和迦溫星神，一起流亡。我要把你們放逐到大馬士革【註：當時敍利亞國的首都】以北遙遠的地方去。」但要留意的是，無論是《七十士譯本》或是希伯來文聖經，都指出以色列人將會被流放到「大馬士革」去，但路加在這裏卻改為「巴比倫」；這更動明顯更配合司提反的信息，因為流放到「大馬士革」只能代表北國以色列國的命運，但流放到「巴比倫」則能代表整個猶太民族的命運。

7. 七56：「人子」這名稱在新約聖經只用於耶穌身上，基本上已成為一個專稱。然而，這術語在舊約聖經裏有時也會指一般人的子女，即與「世人」的意思相同（參《和合本》結二1，三1等）；不過，在但以理書七章13至14節裏，這名稱則專指上帝所揀選、統治萬國萬民的拯救者。福音書的作者深受但以理書的影響，就專以這名稱作為耶穌自稱的用語，表明他就是上帝所揀選的彌賽亞（參太二十四30；可八31，九31，十45，十四62）。

8. 八5：腓利與使徒腓力（一13）的希臘文名字是一樣的，但中文譯名卻不相同。

9. 八8：這撒馬利亞城是撒馬利亞省的省府，位於猶太省和加利利省之間。

10. 八16：這節經文特別提及這些撒馬利亞人「只是奉主耶穌的名接受洗禮」，但還未領受聖靈。這與現代一般信徒的信主經歷很不同。我們相信，當一個人悔改信主時，聖靈就即進入他的生命，這等於聖經中的「聖靈的洗禮」（參一5，以及2.2專欄「被聖靈充滿」）。那麼，這裏為何需要另一次「接受聖靈」呢？一般的解釋是：這只是一種表達方式，是要配合在新約時代福音廣傳的現象。上帝叫聖靈戲劇性地在五旬節降臨，是要作為展開這個新時代的標誌，顯明福音藉著充滿聖靈能力的信徒，傳到撒馬利亞全境，甚至到天涯海角（一8）。換言之，這裏特別提及那些撒馬利亞信徒需要領受聖靈，是要強調他們的屬靈動力和素質與當時的每一位信徒（特別是耶城教會的信徒）無別。

11. 八27～28：衣索匹亞，即舊約中的古實（《現修》譯作「蘇丹」；Cush），地處今天埃及南部和蘇丹北部一帶。

12. 八27～28：「太監」這職銜亦可以是一種官階的名稱。

溫習問題

1. 初代教會最初彼此選立的7位執事中，哪兩位在路加的記載裏顯得最突出？他們的事奉方式有何不同？(六1～7)
2. 試根據六章8至15節的記載，重構司提反的傳道生活和他與猶太領袖的關係。
3. 司提反對耶路撒冷聖殿和律法的觀念與傳統的猶太人有何不同？
4. 在司提反的辯辭中，為何要如此詳細講述以色列人的歷史？
5. 耶路撒冷教會知道撒馬利亞人信主後，如何關注撒馬利亞人的信仰情況(八4～25)？
6. 為甚麼撒馬利亞的信徒需要在領受水禮之外，另外領受聖靈(八15～17)呢？(參釋經短註10)
7. 你認為那位行邪術的西門是否真正信主？試描述他的屬靈狀況。
8. 試描述太監信主的經過(八26～40)。腓利遇到太監時，太監正在閱讀哪一段經文呢？
9. 太監的受洗，是誰主動提出的？
10. 使徒行傳第八章中發生的事情，如何進一步落實一章8節中耶穌所頒布的命令？甚麼原因促成此事的發生？

第五章

掃羅／保羅歸主（九1至31）

- 掃羅的背景
  「敬畏上帝」與「逼迫教會」有何相干？
- 在大馬士革路上
- 掃羅的早期傳道工作

基督教會驟然在猶太人中間冒起，引起了耶路撒冷猶太教領袖的警覺，新的信徒與猶太教領袖的關係日益緊張。我們可以說，直至使徒行傳六章7節為止，猶太教領袖對基督教會的發展只有嫉妒，尚未起「逼迫」或「殘害」的念頭。及至司提反激怒了耶路撒冷猶太會堂的成員，才掀起了一股迫害耶穌追隨者的浪潮。路加形容當時的情況很嚴峻：「……耶路撒冷的教會遭受極殘酷的迫害。……這時候，掃羅進行摧殘教會的工作；他挨家挨户搜捕男女信徒，把他們關進牢裏。」(八1～3)

根據公元第2世紀一份文獻《保羅與特格拉行傳》(Acts of Paul and Thecla)所載，保羅的「個子相當矮，禿頭，弓形腳，眉毛相連，還有一個又大又紅的鷹鉤鼻。身體強壯……」。羅馬地下墓穴中也有保羅的壁畫，與這描寫相當接近。

這位來自大數城的**掃羅**，是教會擴展到外邦世界的最重要人物。他受過高等程度的希臘和希伯來文化教育，熱心持守猶太信仰。身為猶太教的後起之秀，掃羅以猶太基督徒的迫害者的身分，首次被記錄於基督教歷史中，他使人聞風喪膽。然而有一次在往大馬士革的路上，掃羅經歷了轉變，其後更成為基督教向普世(特別在外邦人中)拓展的中堅力量；他給予各教會的書信也佔新約書卷的大部分。

5.1 掃羅的背景

掃羅生於在基利家(亞細亞)的大數城，出自便雅憫支派中一個虔誠的猶太教家庭(腓三5)。按使徒行傳和保羅書信所提供的資料，我們可以推算掃羅的出生年份約為公元5至10年間，並於公元65至67年間去世。他的父母用以色列第一位君王「掃羅」(也是便雅憫人)的名字作為他的名字。因著希羅文化的影響，當時有不少猶太人都有另一個希臘文或拉丁文名字，而掃羅的另一個名字就是「保羅」，是拉丁文，意即「細小」。由於掃羅在信主後相當積極向非猶太裔人傳福音，所以就較常用「保羅」這個名字（十三9），而這個名字亦是他在所有書信的署名。（參8.2專欄「掃羅名字的改變」）

掃羅出生的大數城是一個商業學術中心，崇尚希臘文化思想和羅馬政治體制，也是基利家羅馬行省的首都。公元前171年，為促進該地區的商業活動，一些猶太人被遷徙至大數，掃羅的祖先很可能就是在這個時候來到大數，後來更取得羅馬公民籍。掃羅從父親繼承了羅馬公民的身分，該身分對他未來福音之旅的作用是無可估量的。掃羅可能有好幾個兄弟姊妹，但新約聖經中只提過一個（二十三16）。

掃羅自小就接受律法和先知傳統的教育，通曉希伯來文、亞蘭文、希臘文和拉丁文。雖然生在大數城，掃羅大概在13歲左右就來到耶路撒冷，在當時的猶太教領袖，著名拉比迦瑪列的嚴格訓練之下度過了他的青少年時代（二十二3），他專心學習猶太法典，預備成為一位拉比。他的老師迦瑪列是大名鼎鼎的猶太教大師希列（Hillel）的孫子，希列的教訓在猶太教文獻中隨處可見。迦瑪列曾勸籲撒都該人和猶太議會的成員存留彼得和使徒們的性命（五33～40）。幾乎可以肯定的是，掃羅在迦瑪列門下學習的時期，已在猶太教教義方面較許多同齡的猶太人有更突出的表現，並且以極端的心態，恪守猶太人傳統的每條誡命（加一14）。按猶太教傳統，每位拉比都要學得一門手藝技能作謀生之用，掃羅可能就在學習猶太教律例的期間，選擇了製造帳棚這工作（十八3）；不過，他也可能早已從父親學會了這門手藝。

保羅在一次簡短的自我介紹中（二十二3），道出了他成長的幾個重要階段：「我是猶太人」、「出生在基利家的大數」、「卻在耶路撒冷長大」、「在迦瑪列門下受教，接受過祖先一切法律的嚴格訓練」、「熱心事奉上帝，跟今天在場的各位一樣」。

「敬畏上帝」與「逼迫教會」有何相干？

所有進行宗教迫害的人，均會以「迫害」作為他們敬虔的表現，你能否列舉一些例子呢？你有否經歷過這方面的逼迫呢？

掃羅（即保羅）在信主後若干年，憶述他昔日常以忠心的法利賽人（加一13～14；腓三5～6）自居，視對耶穌跟隨者的迫害為天經地義的事（林前十五9；加一23；腓三6），並對整個律法制度（甚至是猶太教）表現絕對忠誠。但究竟「逼迫基督徒」和「對律法熱心」兩者有何必然的關連呢？

我們必須弄清楚，掃羅並非逼迫所有的基督徒。可以肯定的是，掃羅沒有任何權柄逼迫非猶太裔的基督徒。此外，從字裏行間可知（八1），掃羅（以至猶太教領袖）似乎尚未視那些仍留在耶路撒冷的使徒為猶太教的敵人或褻瀆上帝的人。另一方面，耶路撒冷的信徒亦從未想過要與其他上帝的子民斷絕來往或摒棄猶太教的一切教訓。事實上，對很多的猶太人而言，早期的基督教會大概就與撒都該派或法利賽派相類，都是猶太教中的一個派別。正因這緣故，當時耶路撒冷的教會也吸引了很多的猶太信徒（六7「……許多祭司也接受了這信仰」；另參二十一20）。而路加在八章1至3節對掃羅大規模地、不問究竟地迫害教會的描述，可謂有點修辭上的誇張！

對當時大多數人而言，基督徒與猶太教信徒最大的分別是，前者相信耶穌就是上帝所揀選的彌賽亞，他在十架上死後已復活，又將會以上帝的身分再回來。照理，這信念極其量只會被視為執迷的誤信，應不會導致基督徒被帶上法庭或被逐出猶太社羣。就連耶穌宣稱自己為彌賽亞，當時猶太人的反應也只是如迦瑪列所說的（五34～39），認為只要煽動羣眾的主腦人物被治死，跟隨者也必隨之分散，並不足為患。因此，在猶太教的領袖看來，耶穌既被治死，餘波亦將平復，實不需掀起另一場風波，徹底消滅初代教會。直至有些使徒或教會的人起來，質疑猶太人那種以「上帝子民」自居的優越觀念和獨享上帝救恩的特權，並企圖孕育某種普世救法式的**希臘化猶太教（Hellenistic Judaism）**，直接動搖了猶太教的基礎，始令任何保守、傳統的猶太人都難以容忍。這亦正正是司提反觸怒猶太教領袖和那年輕激進的掃羅的主因。（參4.1「司提反之死」）

當時的羅馬帝國深受希臘文化所影響，「希臘化猶太教」是非常普遍的現象，這不只見於巴勒斯坦地以外，就連在猶太地也會有些人推崇某些希臘化猶太教。簡單而言，「希臘化猶太教」就是摻雜著「洋人文化」的猶太教。

這點非常重要，亦常被誤解：雖說初代教會遭受逼迫，但真正被針對的只是那些企圖把外邦人融入教會的基督徒。因此，雖然這些逼迫都是來自不信耶穌的猶太人，但這些猶太人之所以迫害基督徒，並非完全因為基督徒相信耶穌基督，而是因為他們覺得基督徒企圖要摧毀猶太教信仰的傳統。同樣，猶太人之所以要殺害耶穌，並非只因他自稱為彌賽亞或宣稱與上帝原為一的關係（約十30），更是因為耶穌的出現，動搖了猶太人所自恃的身分和傳統（約八37～59）。對那些自稱為彌賽亞或與上帝同等的人，雖然猶太教的領袖向來也會氣憤難平，甚至會為斷絕後患而動殺機，但那些人在他們眼中只會是愚妄狂徒。我們要留意的是，這種輕視的態度絕對有別於他們對耶穌的痛恨；他們痛恨耶穌，乃在於他們所自恃的身分和信仰傳統遭受到空前嚴峻的挑戰和威脅。

在思想掃羅對基督徒的逼迫時，我們一般的印象是，掃羅以耶你對保羅逼迫基督徒這行為有何評價？那是基於他未認識真神所致嗎？那麼，你體諒那些未信主者譏諷基督教的行為嗎？

路撒冷作為他逼迫基督徒的基地，然後到處拘捕基督徒，但很多學者都認為，掃羅逼迫教會的工作主要針對散居於猶太省以外、仍屬巴勒斯坦地區的猶太基督徒，因為他們有較大可能棄守和摧毀猶太教的信仰傳統。

至於「逼迫」的具體內容包括甚麼呢？按使徒行傳二十二章19節和二十六章10至11節所載，猶太基督徒往往被判收監、鞭打和逐出會堂，有時甚至會被處死；後來的保羅亦經常受到類似的對待（林後十一24）。總括來説，這些逼迫通常是要人受些皮肉之苦或在社羣生活上遭受排斥，其間並不一定有血腥的場面出現。我們不應把後期羅馬政府對教會的殘酷屠殺，投射在保羅早期逼迫教會的情況上，把保羅塑造成「敵基督」一般。

5.2 在大馬士革路上（九1～19）

釋經短註1~4

掃羅手持大祭司的授權書，要搜捕大馬士革會堂（距耶路撒冷有4天的路程，相距約240公里）的信徒，就是那些跟從「主的道路」的人，並將他們押返耶路撒冷受審（九2）；定罪的，就會被逐出猶太人的社羣或遭受其他的嚴刑（如鞭打）。

在快到達大馬士革時，掃羅遇到了一件意想不到之事。忽然有一道光從天上照下來，比正午的日頭還亮，這道大光照耀著掃羅及其同伴，掃羅仆倒在地。此時：

> ……有聲音對掃羅説：「掃羅，掃羅！你為甚麼迫害我？」他就問：「主啊，你是誰？」那聲音回答：「我就是你所迫害的耶穌。起來，進城裏去，有人會把你所該做的事告訴你。」（九4～6）

不知怎的，掃羅從地上爬起來後，眼睛就失明了。同伴只得領著他，繼續前往大馬士革。整整3日，掃羅甚麼也看不見，只留在大馬士革的一間屋裏，不吃不喝。這時，上帝指示大馬士革一個名叫亞拿尼亞的猶太裔基督徒，去探望掃羅並照顧他。結果，亞拿尼亞按手在掃羅身上，掃羅的視力就立即恢復過來，掃羅被聖靈充滿並接受了水禮。

你曾否被上帝差派去向一些你很不喜歡的人傳福音？你從亞拿尼亞身上學到甚麼功課呢？

有關保羅悔改的心路歷程，很多問題都很值得探討，例如：耶穌在世時他曾否與耶穌接觸？若是有（參林前九1），這又怎樣在他的生命中起了撒種的作用呢？司提反的殉道和臨終的講論有否間接影響保羅的悔改呢？整體上，保羅對基督徒的逼迫會否同樣把他自己迫到生命的邊緣上呢？他愈大發熱心地逼迫基督徒（「用腳踢主人的刺棒」二十六14），只會令到自己苦上加苦！？這些對現今信徒和學者較為有趣的問題，路加都沒有回答，但從他那詳盡又生動的描述中，我們知道保羅的悔改和奉獻是一次過的，極其迅速與徹底；保羅的前半生（包括他那段很努力逼迫基督徒的日子）彷彿就是為要預備這一刻。保羅的悔改不單止是他個人一生的轉捩點，亦是基督教會發展上的一個里程碑。

不是每一個人都像掃羅一樣，從一個敵對基督的人變成為基督賣命的人，然而，每個信徒都應有自己信主的經歷。你信主的經歷又是如何的呢？

這一年大約於公元34至36年之間；如果掃羅出生於公元10年，他信主時就大約是25歲了。

保羅信主的記述

使徒行傳記載了3次有關保羅戲劇性地悔改的經過（九1～19，二十二3～16，二十六12～18），第一次是路加的敘述，第二和第三次則是路加筆下的保羅的自述。

保羅的這種演繹方法實不足為怪。這只反映保羅——就如我們每個人一樣——不時會以日後的經歷來印證或演繹之前比較模糊的呼召。上帝的旨意往往是當人回顧時才看得清楚的，你有否類似的經歷呢？

在這3段的記載中，有關主在異象中說話的記錄以第二十六章12至18節最為詳盡、最富戲劇性。保羅在這裏一方面強調他受命傳道原是出於主的差派，另方面也表明他在傳道生涯中所遭受的迫害，其實主亦早有所言，但他卻沒有退避，仍坦然忠於所託，一如主所吩咐的一樣。在二十六章16至18節，保羅對耶穌向他顯現的原因和目的交代得更詳細：

> ……是要指派你作我的僕人。你要見證今天所看見有關於我以及將來我要指示你的事。我要從以色列人和外邦人手中救你出來，差遣你到他們中間去。你要開啟他們的眼睛，使他們從黑暗轉向光明，從撒但權勢下歸向上帝，好使他們因信了我而蒙赦罪，並且在上帝的子民中有他們的地位。

鑒於這番話沒有見於其他兩次的記載中，有認為保羅這次是以自己信主後的經歷來演繹昔日耶穌向他所講的話。

對保羅而言，這次與復活主的相遇，是有重大意義的：首先，這使保羅有資格成為耶穌復活的見證人（參本書2.1部分）；第二，這使保羅能像其他12位被耶穌揀選的門徒一樣，得以稱為「使徒」。這兩點促使保羅有資格成為新約教會正統教導的傳承者和監察者，亦使他一生中都帶著權柄來傳道（林前九1，十五8）。

5.3 掃羅的早期傳道工作（九20～31）

不單掃羅的悔改和奉獻是同時發生，他更把奉獻的心志馬上化為行動，毫不拖延。有關掃羅的早期傳道工作，路加在使徒行傳中略去了許多細節，我們需要從當事人（即掃羅／保羅）所寫的書信（特別是加拉太書）找補充的資料。

使徒行傳和加拉太書（一15～17）一致指出，掃羅在悔改之後並沒有立刻上耶路撒冷，拜訪耶城教會的人，而是直接回應主對他的呼召。使徒行傳九章19至22節更清楚記載，**他向各會堂的猶太人傳福音**，宣講耶穌是上帝的兒子。令人詫異和有趣的是，在數星期前掃羅還在用聖經(即舊約)駁斥對耶穌基督的信仰，但在悔改之後，他卻又旋即宣講耶穌起來：「他就是上帝的兒子」(九20)── 不曉得他是否引用著同一段的舊約經文呢！？不過，這次的傳道大概不太成功，他甚至可能被當地的猶太教領袖嘲笑：「……他到這裏來，不就是要拘捕信徒、把他們押交給祭司長的嗎？」(九21)但保羅並沒有氣餒，反而用堅定的論據來證明耶穌是基督，使大馬士革的猶太人無法辯駁。

保羅雖然是外邦人的使徒，但他總會先在猶太會堂傳講福音(參十三5、14，十四1，十七1～2、10、17，十八4、19，十九8；另參羅一16)。

保羅大概覺得這樣的辯駁沒有甚麼結果，於是決定暫時離開那裏，到別的地方去。在隨後的一段日子裏，掃羅去了哪裏？使徒行傳並沒有清楚告訴我們，只是一筆帶過說：「過了一些時候」(23節)，但在加拉太書一章，保羅就比較清楚地告訴我們，他到過阿拉伯，就是拿巴提王國(大概相等於今天的約旦)，向那裏的外邦人傳講救恩的福音，約有3年之久(即約公元35～38年)。

我們對這段日子所知甚少，但相信掃羅這次的佈道頗為成功，以致當他返回大馬士革後，亞哩達王手下的總督可能因聽到有關保羅傳福音的事，他那種嚇人的護教口才，並他在猶太人中所引起的騷亂，因而想捉拿他(林後十一32～33)。保羅不單受到來自亞哩達王的追捕，更差點兒被同胞殺害(九23～25)。幸好他識破了他們的詭計，他的跟隨者(或門徒)用大籃子把他從城牆上安全地縋下去，才得脫險。之後，保羅終於去了耶路撒冷，想要向使徒們和其他信徒分享他信主的經歷；這是他信主後首次重返耶城。

他在耶城住了大概15天，並曾經見過彼得(加一18～24)。根據使徒行傳的記載(九26～30，二十二17～21)，保羅這次到訪耶

你會否為掃羅被耶城的信徒冷落而心感不平呢？你曾嘗過不被弟兄姊妹信任的滋味嗎？

城，可能並沒有受到很熱情的款待。起初，耶路撒冷的信徒害怕保羅，不能確定他是否真是耶穌門徒（九26）。後來，透過一位教會領袖巴拿巴的保薦和引介後，保羅才漸漸得到了耶路撒冷信徒的接納（大概仍有不少信徒並不予以信任）。之後保羅開始在耶路撒冷傳道，不久，他的生命再次受到威脅，信徒們就將他送往大數（九29～30；加一21）。其後幾年，他就在大數和基利家地區實踐他的宣教抱負；同時，亦是相當重要的一點，他與故鄉的人同住，好解釋他過去幾年所經歷的一切。

在路加的筆下，那本來因恪守猶太人傳統和身分而逼迫基督徒的保羅，竟成為了基督徒，更反遭猶太人的逼迫；他本來要徹底摧毀基督的信仰，如今竟竭力宣講基督的信仰。自這位激進的法利賽小子信主後，基督教會可謂平靜多了；但對於路加來說，更加重要的是要讓讀者知道，掃羅的歸主、奉獻、傳道，正標誌著一個新紀元的開始。因此，從這裏界分出使徒行傳的第二階段是最合適不過的：

> 當時，猶大、加利利、撒馬利亞各地的教會有了一段平安的時期。教會在敬畏主，在聖靈的扶助下建立了起來，人數日日增加。（九31）

使徒行傳中保羅的早期傳道工作

從使徒行傳和保羅書信整理出來的資料看來，掃羅在信主早年的佈道事工所取得的成果可謂已相當不俗，而在路加筆下，保羅的際遇則更富傳奇的色彩。

路加用「過了一些時候」（23節）這一句概括性的描述，涵蓋了保羅在阿拉伯長達3年在繁忙的都市生活中，能夠不時有「3天」時間來靜思上帝在你身上的旨意是很重要的，你可有這方面的經歷呢？

的傳道生活。這自然亦把保羅早年佈道的進展變得更加緊湊和特別，甚至給人一個錯覺，以為他在悔改後的短短數週內，就已吸引了一羣「門徒」跟從他（九25）。無論這是巧合或是故意，有一點是明顯的：路加要用白描的方式來表達保羅神奇的經歷。再如在保羅信主後，不必學道、不需裝備、不用受訓，一切轉變的關鍵就集中在之前那3天「沒有吃，也沒有喝」、活在暗室（「看不見甚麼」）的日子。在路加的鋪排下，這3天可謂是保羅一生中最安靜，亦是心思意念最明亮的日子，一切都在此「神奇地」想通了！就好像主耶穌在陰間3天、戰勝死亡而復活一般。3天後打開眼睛的保羅彷如脫胎換骨，成了一個新造的人，誠如他在哥林多後書五章17節所言：「無論誰，一旦有了基督的生命就是新造的人；舊的已經過去，新的已經來臨。」

釋經短註

1. 九2：「主的道路」（英文翻為The Way，指那得救的道路）是路加對基督信仰的專稱（參十八25，十九9、23，二十二4，二十四14、22；另參路一76、79）；這名稱的起源未能確定，可能來自施洗約翰宣稱自己預備主的道路（路三4；引自賽四十3），又或源自耶穌對自己的宣稱：「我就是道路、真理和生命」。

2. 九5：雖然耶穌未曾親身遭受過掃羅的逼迫，但在「在基督裏」這與主聯合的原則下（這亦是保羅神學中非常重要的觀念），掃羅對主的門徒的逼迫就等同於逼迫主自己（另參太二十五40、45）。

3 九7：究竟與掃羅一起的人有否聽到主耶穌與掃羅的對話呢？按原文的結構看，這裏可理解為：同行的人聽到一些聲音，但不明白這些聲音的意思。參《和合本》二十二章9節的翻譯：「……卻沒有聽明那位對我說話的聲音。」

4. 九18：這個由瞎眼到復明的神蹟同時帶有象徵性的意義：上帝真理的光反叫那些活在傳統猶太教律法式生活的人瞎眼，惟有靠著上帝的恩典，瞎眼的人才能復見光明。

溫習問題

1. 掃羅的成長過程可分為哪幾個重要的階段？在他的成長背景中，有哪些經驗可確實幫助他日後的事奉呢？
2. 試根據九章1至31節描述保羅信主的經過。不信的猶太人與信主的人對保羅的改變分別有何反應(九19～30)？
3. 猶太教徒與基督徒彼此之間最大的分歧是甚麼？
4. 究竟「逼迫基督徒」和「對律法熱心」兩者有何必然的關連呢？
5. 掃羅前往大馬士革搜捕基督徒的計劃如何被迫改變呢？
6. 掃羅與主相遇的經歷對他日後的事奉有何重要意義？(參加一1)
7. 在路加的筆下，掃羅那3天「沒有吃，也沒有喝」、活在暗室(「看不見甚麼」)的日子與耶穌在陰間3天的經歷，在屬靈意義上怎樣對應呢？
8. 試比較使徒行傳中有關保羅戲劇性地悔改的3次記載(九1～19，二十二3～16，二十六12～18)，試指出當中互有出入的地方。
9. 保羅信主後第一次返回耶路撒冷時，當地的信徒對他的反應如何？為何他們有此反應？
10. 試簡述保羅早年傳道的經過和成敗。

第三篇

聖靈傾注外邦的先聲

隨著掃羅信主，又返回大數，初代基督教會所面對的逼迫亦暫時緩和下來。作者路加本來可以繼續報導掃羅在大數的傳道工作，但他沒有，卻把鏡頭的焦點轉到彼得身上；對掃羅的描述要到十一章19節才繼續。那時，那位好好先生巴拿巴去大數看望保羅，把他帶到安提阿(十一25～26)，展開了掃羅餘下一生向外邦人傳福音的生涯。

閱讀九章32節至十一章18節這幾章經文時，讀者可能會問：「為何路加要加上這段插曲？」答案是：透過這段重要的記載，可以帶出耶路撒冷教會的成員親口說出的一句話：「上帝把因悔改而得生命的機會也賜給外邦人了！」(十一18)當時，對於以彼得為首的耶路撒冷教會來說，向外邦人傳福音只是停留在頭腦上的認知(因為是大使命的內容)，信徒從未親身體驗或參與過；至於基督教會的存在與這事工之間的關係，使徒們大概也未曾想過。

本篇所涉及的一段初代教會歷史，正讓我們看到，上帝如何引領彼得去體驗向外邦人傳福音的迫切性和真實性。畢竟，傳遞異象的最好方法，就是讓人參與其中，親身體會這事工的重要性。

第六章

哥尼流信主

（九32至十一18）

- 一次不經意的接觸
- 哥尼流信主
- 向耶路撒冷教會報告

哥尼流信主了！你可能會問：「這有何特別？在往迦薩途中的那位外邦太監不也信了主嗎？路加為何要花幾乎兩章的經文來記載這件事呢？」

按九章17至18節的記載，保羅也可能是「先受聖靈，後領洗」的。

大有不同！在使徒行傳中，腓利的確是首位帶領外邦人（即那位太監）信主的初代信徒，但這事件的重要性卻不能與哥尼流信主的事相比。首先，較之於腓利，身為使徒之首的彼得在事件中的取向顯然更重要，彼得可謂名副其實地代表著初代教會的立場；而更獨特的是，哥尼流一家在接受洗禮之先，聖靈先傾注到他們身上，聖靈的傾注正正引證了他們領受洗禮的資格（十47）。這與門徒一直以來**「先領洗、後受聖靈」的次序剛好顛倒過來**；這事因而引發耶路撒冷教會舉行內部會議，而最後的結論是：「上帝把因悔改而得生命的機會也賜給外邦人了！」（十一18）這可不簡單！

整體而言，哥尼流信主的事可謂是耶路撒冷教會向外邦推進的一個里程碑。因此，路加不厭其煩地先在第十章對哥尼流信主的整個過程作出描述，繼在十一章1至18節再藉彼得的口重新複述一遍。在這兩次的敍述中，彼得所見的那重複了3次的異象均一再被提及（十16，十一10），而哥尼流所見的異象就更重複敍述了4次（十3～6、22、30～32，十一13～14）。

值得留意的是，自這事之後，彼得在使徒行傳敍述中的主導性地位就開始淡化；路加似乎要表示，彼得最具代表性的使命就在此完成了。及至十五章的耶路撒冷大會上，彼得的主導地位之所以再次被突顯，也是為要重述哥尼流信主一事，證明上帝接納外邦人的心意。

6.1 一次不經意的接觸(九32～43)

釋經短註1~2

彼得在地中海沿岸傳道，並建立新的信徒團體，他先後來到呂大(九32～35)和約帕(九36～43)。這兩個城市距離耶路撒冷較遠，約40公里，主要的居民是外邦人。這大概可讓我們了解福音在初代教會廣傳的幅度；至於福音如何傳到這裏，路加則沒有交代。

在這個段落，路加把彼得帶入場景的手法是這樣的：「彼得走遍各地方；有一次，……」(九32)，與他一直以來的雕琢和老練描述的筆法相比，這個表達方式似乎顯得比較平淡，然而，正是透過這種平平無奇的記述，路加表達出彼得就是在這種不經意的情況之下，被聖靈引領到凱撒利亞：

彼得「不經意」地被聖靈引領到呂大。在你的生活中，有否一些「不經意」的事情發生，而過後回想起來，才知道是聖靈的引導？

- 首先，彼得這處跑跑、那處跑跑，結果去到呂大；
- 繼而又因「約帕離呂大不遠」(九38)，相距約9公里，約帕的門徒聽聞彼得在呂大，就請他前來救大比大；
- 在停留約帕期間，彼得又被哥尼流邀請到凱撒利亞去。

在人看來，這一連串的偶發事件是不經意的，但正是在這些不經意的人事中，更突顯出聖靈的帥領，一直主導著每件事件的發生。

此外，路加在記述中，似乎是要在字裏行間透過事情發生的經過、地點和用詞的特點，把彼得與耶穌、腓利，甚至舊約先知約拿對照起來。

首先，彼得所施行的兩個神蹟明顯與主耶穌有關，說明耶穌是彼得施行神蹟的能力來源。當彼得在呂大醫治外邦人以尼雅時，他

「大比大」是亞蘭語，而「多加」是希臘語，它們的意思都是「羚羊」。

呼喊「耶穌基督」的名（九33～34）。而在約帕使多加復活時，路加的記載就更為詳細，其中不少細節（尤其在原文）與耶穌使葉魯女兒復活的事相同（參可五38～43；路八51～56），例如眾人的哭泣，眾人被吩咐出去，彼得像耶穌一樣用手扶起病人等等。至於路加特別提及多加的亞蘭名字「**大比大**」，就更反映出他將此事與耶穌使葉魯女兒復活的事對照的用心。

一般猶太人都會從希臘語中找一個與原來名字（希伯來語或亞蘭語）意思相同的字作為別名。從路加的描述看來，似乎「多加」是她慣常用的名字，然而，路加卻特別在這裏提及「大比大」這個名字，顯然別有用心。按馬可福音五章41節的記載，當耶穌使葉魯女兒復活時，他用亞蘭語說：「大利大．古米」（英語音譯：*Talitha koum*），意思是：「小女孩，起來！」至於彼得使大比大復活的事，據使徒行傳的記載，雖沒有直接引錄他所用語言的譯音，但彼得呼叫多加的亞蘭名字，表示他顯然是用亞蘭語（即他的母語）來叫她復活，全句即是：「大比大，古米」（英語音譯：*Tabitha koum*），意思是：「大比大，起來！」不認識原文的讀者在此也可以看到，耶穌和彼得的話是多麼相近，只是一個字母的差別而已。路加之所以如此苦心將兩件事件對應起來，大概是要強調彼得使死人復活的能力，完全是源自主耶穌的，轅出一轍。

其次，在路加的記述中，彼得的行程與幾年前腓利的傳道行程確實相似；腓利當年離開了那位衣索匹亞的太監後，就走遍亞鎖都那一帶地方的各村鎮，直到凱撒利亞（參八39～40），而彼得如今也同樣在這一帶傳道，直至凱撒利亞（十1）。不單如此，像腓利一樣，彼得也將福音傳給外邦人。

此外，「約帕」、「外邦人」和「彼得不願意的心」，也許會使那些熟悉猶太人聖經（即舊約聖經）的讀者把這個故事與舊約的先知對比起來，帶出另一層的含意：舊約先知約拿也曾下到約帕、逃往他施，為要逃避上帝的呼召，拒絕將福音帶給外邦的尼尼微人(拿一3)，然而，如今彼得卻在約帕克服了可能是一直潛伏在心裏的不願意，回應了上帝的呼召，將福音帶給外邦人哥尼流。

路加不單將彼得與耶穌、腓利、以至約拿對照，在文中，他更以皮革匠西門的「不潔」為「不潔的」哥尼流鋪路。路加似乎刻意強調彼得在約帕城所寄住的是一個皮革匠(《和合本》譯作「硝皮匠」)的家：「現在你要派人到約帕去，邀請那個名叫西門．彼得的人來。他在一個皮革匠西門的家裏作客；西門的家就在海邊。」(十5～6；另參九43)這位皮革匠西門——從他的名字可知他原是猶太人——本來不是甚麼特別的人物，卻為整個故事帶來相當諷刺的效果。

有沒有某些人是你不願意向他們傳福音的呢？你如何克服這種情緒呢？

由於製皮革工作經常需要接觸動物的屍體的皮，所以這類工作是一般猶太人所厭惡的，況且從猶太教律法的角度看，接觸死屍會導致禮儀上的「不潔」，所以一般猶太人根本不會從事這方面的工作，而這多少反映西門在外邦之地的生活並不如意，不然，他亦不會淪落到如此地步。在許多人眼中，西門的家是不潔之地。彼得醫治多加，名聲廣傳整個約帕(42節)，按理他若想找一個地方暫住，不應該會有問題，更何況多加是猶太婦女，大概亦是富有人家，然而，出人意外地，彼得卻選擇寄住在西門的家。更令人詫異的是，這位堂堂耶路撒冷教會的領袖，竟在這個不潔之地見到異象，並繼而前往那不潔的哥尼流的家中(在猶太人眼中，外邦人也是不潔的)傳上帝的福音！

這些對照和諷刺的效果在在反映路加的文學技巧。路加記載這些預備性事件，並非平鋪直述的，而是費盡心思，把多方面的含意襯托出來。對於能夠領會其中意義的讀者，這種含蓄的表達就來得更具深度。然而，這些對照全都只是預備性的，為要襯托彼得在其傳道生涯中所遇到的最具決定性的事件：哥尼流信主。

6.2 哥尼流信主(十1～48)

● 釋經短註3~9

上帝既然已經差派天使向哥尼流顯現，為何不直截了當地叫天使將福音傳給他呢？答案很簡單：因為不單哥尼流需要知道上帝拯救外邦人的心意，彼得及耶路撒冷教會都需要知道。

事件一開始指出，上帝的異象先臨到一名外邦人哥尼流的身上。哥尼流原是一名羅馬軍隊的軍官(《和合本》譯作「百夫長」)，是位官職並不低微的指揮官。按理他所敬拜的應該是羅馬神明或守護神，但他卻是一位敬畏上帝的「虔誠人」、「義人」，意即歸信猶太教，卻未受割禮的外邦人。路加特別提到，哥尼流全家都「敬畏上帝，常常慷慨賙濟貧窮的猶太人，又時常熱心向上帝禱告」，並且他「一向受全體猶太人民的尊敬」(2、22節)。

一個真正尋求真神的人必會尋見祂的！就在一天的午禱中(約下午3時)，**天使向哥尼流顯現**，叫他派人往約帕的皮革匠「西門」家，請作客的「西門．彼得」前來，為要領受他的教導(十22)。其間的路程約有50公里之遠，當哥尼流的僕人將近約帕時，彼得亦看見了異象。

哥尼流與彼得看見異象之後的不同反應，好比一個帶著固有傳統的信徒與一個初信者對上帝呼召反應的分別。你又是哪一類呢？

在異象中，彼得看見天開了，有一物降下，好像一塊大布，布的四角綁住，縋到地上，裏面有地上各樣四足的走獸、昆蟲，並天上的飛鳥(十11～12)，其中許多是不潔淨的，是猶太人律法禁止食用的(利十一章)。不過，在異象中，天上卻有聲音對彼得說：「宰了吃！」彼得在驚愕中提出抗議。但這聲音一連3次的對他說：「上帝認為潔淨的，你不可當作污穢。……」然後，大布就被收回天上去了(十15～16)。

「天開了」象徵上帝的臨在和啟示(賽二十四18;結一1;路三21),但在這一次的經歷中,彼得覺得特別苦惱,因為這異象的指示明顯與傳統猶太人的教導相牴觸。今天大部分讀者在閱讀整段經文時,很快就會明白這異象的意思,但當時任何一位猶太人都會像彼得一樣不知所措。彼得心裏大概以為上帝在捉弄他或考驗他。彼得與這天上聲音的對話(14~15節),並非要反映舊約律法與這新的啟示的衝突,也非為改正那種把食物的潔淨規條引伸到外邦人身上的錯誤詮釋,而是要帶出更深層的神學涵義。

真理本身當然不會改變,但真理的表達卻往往有它的時代性。解釋真理時忽略了時代性,往往會變成了傳統,成為枷鎖,而我們固守這種傳統,可能會較遵守真理本身更嚴格執著。你有否這方面的經歷呢?

在舊約裏,食物的潔淨規條反映了上帝的聖潔,亦象徵以色列人是分別給耶和華為聖的聖潔子民,與那些因拜偶像和道德敗壞而成為不潔的外邦人不同(利十一44~45)。在這個大前提之下,彼得的抗議令我們想起,先知**以西結**也曾同樣為不潔的食物而向上帝抗議(結四14)。上帝吩咐以西結吃不潔的食物,是要作為一個象徵性的預告,表明以色列人將會在外邦人中吃不潔之物,與外邦人一樣成為不潔(結四13)。換言之,以色列將不再是分別出來、歸上帝為聖的選民了!這「聖潔」與「不潔」之間的界線泯滅,代表以色列人即將失去「歸耶和華為聖」的身分,那是審判的極限。

事實上,彼得在這裏的措辭與以西結(見《七十士譯本》的以西結書)極其相似,在神學思想上也有雷同。

彼得的異象同樣代表以色列人和外邦人之間的界線泯滅,但含義卻大有不同。因為新的救恩時代已經來臨,以色列人不單不會變成外邦人那樣的不潔,相反,外邦人卻可跟以色列人一樣的潔淨,得以成為上帝的子民。其實,這巨大的轉變只不過是主耶穌帶來的救恩時代的自然進程。事實上,在福音書裏,我們早已見到耶穌率先對不潔的人,如痲瘋病者或死人毫不避忌,甚至親手觸摸醫治他們，又經常跟不潔的「罪人」一同飲食；在舊約裏，任何人接觸不潔者都會受連累、沾染而成為不潔，但耶穌卻使他所接觸的人成為潔淨。天上的啟示對彼得說：「上帝認為潔淨的，你不可當作污穢」(十15)。彼得雖然不完全明白箇中的究竟，但仍然順服這個指示。

你曾否不知不覺地歧視某些人？你又如何學習從上帝的眼看這些人？

對這異象的深意，我們不知道彼得如何意會過來，但路加似乎要告訴我們，當彼得一踏入哥尼流的家，見到那麼多人聚集，且謙卑渴望領受上帝的教導時，他就立時明白過來，認定異象中所謂的「上帝認為潔淨的，你不可當作污穢」(十15)，其實是指「不可以把任何人當作不潔淨或凡俗的」(十28)。在他隨後的講道中，他顯然再一次強調這點：「……現在我確實知道，上帝對所有的人都平等看待。只要是敬畏他、行為正直的人，無論屬哪一種族，他都喜歡。」(十34～35)

但在這裏，我們需要問：哥尼流和他的親朋戚友期望從彼得身上聽到的，是這個基督教的福音嗎？大概不是！留意在哥尼流與彼得分享其宗教經歷時，他從未提及耶穌基督，因此，十章33節中提到哥尼流希望要從彼得身上聽「主」的吩咐，這「主」其實不是指「主耶穌」，而是指「上主」，即哥尼流所信奉的「耶和華」。然而，一次偶遇就讓他們了解到真正的福音，以及上主在新約時代的彰顯。

彼得開宗明義指出，哥尼流所熟悉的上帝藉著萬人之主——耶穌基督——所傳給以色列人的信息是「和平的福音」。這個福音植根於猶太教(所以自施洗約翰的時候已經開始)，最終由耶穌傳播開來。上帝以聖靈和大能傾注在耶穌身上，使他無論走到哪一處地方，都能展示上帝的同在和作為。最後，耶穌被釘在十架上，但上帝卻使他從死裏復活，並向人顯現；而彼得和他的同儕就是這事的見證人，是這福音的傳承者。留意在路加的筆下，彼得的講章非常強調福音

的普世性，例如：「……無論屬哪一種族……萬人之主耶穌基督……凡信他的，都可以藉著他的名蒙赦罪。」(35、36、43節)

佈道會的講員還未講完，就已有人決志信主！但路加不是採用這種現代的方式表達，他是說：「聖靈降臨在所有領受信息的人身上」(十44)。聖靈既沒有形體，那麼彼得如何得知呢？其跡象是：他們說靈語(即方言)，並且頌讚上帝的偉大。那些跟著彼得從約帕來的猶太信徒，看見上帝把聖靈的恩賜也傾注給外邦人——就如昔日在五旬節降臨在一羣使徒身上一樣，便感到非常驚奇，因為一直以來，他們以為只有猶太人(或他們眼中的「半個猶太人」，即撒馬利亞人)才配得上聖靈的恩賜；而聖靈的恩賜向來都只傾注在受洗者的身上，「先領洗、後受聖靈」是他們一直以來所經歷的次序。

哥尼流被聖靈充滿一事印證了上帝悅納外邦人。上帝往往透過人的經歷來表明祂對事工的認同，你有沒有如此的經歷？

這次出人意表的聖靈傾注，顯明了上帝的旨意，標誌著救恩計劃的新里程。於是，彼得認為，既然上帝已經清楚表明祂的揀選，他就應該確認哥尼流一家的身分，為他們施洗，接納他們為教會的一分子，並與他們同住了幾天。既然「潔淨和不潔」的觀念不應該應用在猶太人與外邦人身上，兩羣人的社交生活自此亦進入另一個新里程了。

6.3 向耶路撒冷教會報告(十一1～18)

嚴格來說，哥尼流明顯不是第一位信主的外邦人。在五旬節那天，相信有很多外邦的猶太教信徒信了主；在往迦薩路上受洗的太監也明顯是外邦人(參八26～38)，那麼，為何哥尼流信主會引起那麼大的回響呢？

問題當然不是在於「外邦人信主」，而是信主的外邦人與猶太基督徒之間的關係。那些在耶路撒冷教會中較保守的信徒，就是「那些奉割禮的門徒」(《現修》譯作「主張外邦人也必須領受割禮的人」)會提出質疑：「你竟在沒有受割禮的外邦人家裏作客，甚至跟他們一起吃飯！」(十一3)

割禮是一種割除包皮的宗教儀式，雖然並非源自以色列民族(最早施行的可能是埃及人)，但按舊約聖經的記載，這禮儀是上帝與亞伯拉罕並他子孫立約的記號。因此，割禮便自然成為以色列民族的印記了。(參下文9.1專欄「割禮與外邦人」的討論)

人在語言、文化、經濟條件或教育背景等各方面的差異，從未影響上帝對各人的愛和拯救，但對於你和我而言，這些差異往往成為我們與人交往的障礙，你可有這方面的經驗呢？

在路加筆下，這些人的態度不太友善，但彼得則處處表現冷靜，將整個經過詳細地複述一遍，特別強調有6位約帕的信徒與他同行，可以見證所發生的事。這6個人與那些質問彼得的人一樣，都是「奉割禮的信徒」(十45；《現修》譯作「猶太信徒」)，他們絲毫沒有預期聖靈會傾注在外邦人身上，所以他們的見證可算相當可靠。雖然原先當彼得應邀到哥尼流家裏時，他尚未知道對方的目的何在，但在事情過去之後，他總結這事的目的乃是要傳得救之道。此外，彼得又引述耶穌對「聖靈的洗禮」的教導(十一16)。彼得的結論是，上帝將祂的靈賜給了外邦人，他們若要攔阻這事，就等於攔阻聖靈的工作。聽過這番忠告，那些保守派基督徒似乎接受了彼得的解說，並且因外邦人蒙賜悔改和得生命的機會而頌讚上帝(十一18)。

我們在前面已經多次提及，當時的教會大體上仍是非常猶太化的。不單止基督教會被外界視為猶太教的一個分支，就連教會裏面的人，也有不少有這樣的看法。如此，新加入教會的外邦人如何融入當時主流的猶太裔教會就成為非常重要的課題。猶太基督徒與外邦基督徒之間明顯存在兩種的張力：一是在生活上，猶太基督徒與外邦基督徒如何共處？二是在信仰上，外邦人是否要先滿足猶太律法才可成為基督徒？猶太人世世代代所恪守的猶太律法與外邦基督徒的關係是怎樣？

哥尼流信主一事意味著，耶路撒冷教會朝向「把福音傳到天涯海角」這目標邁進了一大步。從這個角度來看，這事是使徒行傳的第一個分水嶺，亦處理了上面所提及的兩種張力。上帝使用哥尼流事件令彼得和初代教會明白，外邦人悔改而歸信基督已蒙上帝接納，他們並不需要履行猶太社會的習俗(十一17～18)。在路加的筆下，初代耶路撒冷(猶太人)教會的「元老」彼得的親身經歷和見證，實際上代表著耶路撒冷整體猶太教會對外邦基督徒的認同。

釋經短註

1. 九36：約帕位於今天以色列國首都特拉維夫的市郊。

2. 九36：經文既沒有提及多加的丈夫，她可能是個單身女子。

3. 十1：軍官(或百夫長)所統領的部隊有80至100人不等。在帝國的主要城市都有羅馬軍隊駐守，防止暴亂。

4. 十1：按聖經以外的其他文獻記載，最早要到公元69年，「意大利營」才始出現，因此，路加在這裏是用了後期的用語來描述早前的情況。

5. 十2：在古代社會，一個家族(包括直屬及非直屬的家庭、僕人和其家屬等)的宗教取向往往是由一家之主所決定的，因此，說哥尼流是一個虔誠人，也就意味他們全家也都敬畏上帝。

6. 十11：「四角」可能象徵地上的四方；古時的人都會認為大地均有四角，表示地的極限。

7. 十25：哥尼流見到彼得，馬上俯伏在他腳前拜他；對於一個軍官而言，這個見面禮很不簡單。彼得的回答：「我自己也是人」，可能是要和哥尼流開個玩笑。

8. 十28：「按照我們的規矩，猶太人是不許跟異族人密切來往的。」彼得這番話若沒有修辭的誇張，就是表達了非常保守的猶太人觀念。在當時的社會，猶太人要完全不與外邦人交往，幾乎是不可能的。

9. 十30：雖然經文說是「四天」，但其實相隔只有3天(十9、23～24)；這大概是因為路加以一種包含性(即包括第一和最後一天)的方法計算。

溫習問題

1. 路加以「有一次……」(九32)這似乎不經意的表達手法突出甚麼事情？
2. 路加記述大比大的復活(參九36～42)與葉魯女兒復活一事(參可五38～43；路八51～56)有如此多相似的地方，其目的何在？
3. 試描述哥尼流的背景(參十1～3)，他與猶太人的關係是怎樣的？(參十2、22)
4. 上帝在舊約時代禁止以色列人吃不潔之物，到了新約時代，祂卻在異象中要求彼得吃不潔之物(參十2～15)。你如何解釋這「不潔」的意義？
5. 試以舊約以西結書四章，解釋彼得提出抗議，不吃不潔食物的神學意義。
6. 哥尼流與彼得各自所見的異象有何異同(試比較十3～6和10～16)？
7. 為何路加重複提及彼得所見的異象(參十16，十一10)，並記敍哥尼流所見的異象4次之多(十3～6，十22，十30～32，十一13～14)？這對於猶太基督徒及外邦人有何特別意義？
8. 哥尼流事件為何引起耶路撒冷教會那麼多的議論呢？
9. 耶路撒冷教會最終如何總結哥尼流事件的意義？
10. 哥尼流事件對「把福音傳到天涯海角」的使命有何深遠影響？

第七章

安提阿的興起和耶路撒冷的逼迫

（十一19至十二24）

- 巴拿巴和保羅在安提阿的工作
- 彼得和希律

耶城的總會已經正式肯定了外邦人同樣蒙上帝的接納，也知道他們(以哥尼流為代表)所領受的「聖靈的洗禮」與一般猶太信徒的無異，甚至應該說，外邦信徒所蒙的恩賜更為寬厚，因為上帝定意在一切禮序(割禮或洗禮)之先，將聖靈賜予他們；那麼，專注做外邦人事工的人就應馬上開工了。這正是路加的用意：當彼得向耶路撒冷教會報告之後，路加隨即告訴我們在安提阿教會的外邦人事工。

工作開展的初期是順利的，亦得到耶城教會的認同和支持，不過，也並非完全沒有攔阻。希律對耶路撒冷教會的殘害明顯是撒但的工作，然而上帝的工作並未因此而停頓，祂始終勝券在握。

7.1 巴拿巴和保羅在安提阿的工作(十一19～30)

●*釋經短註1~3*

司提反死後，耶路撒冷信徒受到逼迫，一些信徒逃到安提阿，成立了安提阿教會(十一19)。當時成立教會的地方大概不止一處，而是分散多處；其中的信徒因著不同的文化背景，大致分為兩類：一類是猶太裔基督徒，他們本著保守的信念，只在猶太人中間分享福音；另一類信徒可能混合了猶太人和外邦人，尤其包括來自塞浦路斯和古利奈的信徒，他們把福音的大門也向外邦人打開。

早期教會史學家優西比烏和教父耶柔米都認為路加是安提阿人，很可能正是在這時期信主的其中一位外邦人。

路加特別指出：「主的能力跟他們同在；有許許多多的人信了，歸向主。」(十一21)在使徒行傳中，耶路撒冷教會一直對外邦人信主的事非常關心，經過哥尼流一事之後，教會對此更為關注，甚至著意發展外邦人的福音事工，於是，就派了巴拿巴這位謹慎的領袖到安提阿展開跟進。果然不需多時，藉著巴拿巴的工作，有許多人信了主。

安提阿

敘利亞的安提阿(今土耳其安塔基亞)位於耶路撒冷北面約480公里(300英里)。公元1世紀的時候，安提阿已成為羅馬帝國的第三大城市，約有50萬名居民，其中有大部分是猶太人。

由於與耶城距離較遠，在司提反殉道後，安提阿不單止成為信徒躲避的好地方，亦成為擺脫耶城教會(特別是保守派)制肘，將福音推展外邦的最佳基地。從初代教會的發展來看，安提阿教會確實是孕育外邦基督徒的搖籃；它成為保羅、以及其他傳教士穿越羅馬帝國北部，向外邦人傳教的主要據點。

路加對安提阿教會成立的記載頗為簡單，缺乏細節的描述，因為他的焦點是安提阿的外邦人歸主所帶來的興旺局面。與哥尼流一樣，安提阿的第一位信徒(經文並沒有提及)很可能也是一位向來被猶太教所吸引的外邦「虔誠人」。毫無疑問，隨著愈來愈多的希臘人悔改歸主，安提阿教會的發展已到了一個決定性的轉捩點：這些地區所成立的「安提阿教會」已經不是一個純猶太人的組織，而是一個獨立、以外邦人為主的基督徒羣體。

在福音事工的開展上，巴拿巴深深感受到安提阿是個發展潛力非常大的地區，於是就找了掃羅(即保羅)來，足有整整一年的時間彼此同工。安提阿教會的發展頗令人振奮；正是在安提阿，「基督徒」這個新的稱呼開始流傳開來(十一26)。雖然這稱呼原帶有貶意，但在某程度上卻反映基督徒的身分得到教外人的注意和認識，漸漸與猶太教分別開來，不再相混。

巴拿巴是信徒中的典範。初信者最需要的，就是巴拿巴這類人：經常以喜樂和寬容的心事奉，常記掛可予提攜的主內弟妹。在你的靈程路上，你曾遇過一位像巴拿巴的人嗎？

正因當時「天下將有嚴重的饑荒」，安提阿的基督徒決定籌集捐獻救濟猶太地區的信徒，由巴拿巴和掃羅送往耶路撒冷。「饑荒」實指糧食短缺，但較為富有的人通常還可以購糧，跟現代一些非洲國家的饑荒不盡相同。這次饑荒所波及的範圍甚廣，有些一亞底亞本是美索不達米亞北面的地區。在新約時代，亞底亞本王族成員均是非常敬虔的猶太教信徒。

直對猶太人有好感的大財主或王國都捐款賑災。猶太史學家約瑟夫亦特別指出，在這次饑荒中，**亞底亞本**(Adiabene)的海倫娜王后不惜重價從埃及購糧賙濟耶路撒冷的窮人。

安提阿教會位處較富裕的城市，受饑荒影響的程度當遠遠不及貧窮的猶太地那麼嚴重，所以安提阿的信徒們在普遍缺糧的情況下，仍勉力捐助猶太地的信徒。這不獨是一件賑災的善舉而已，更是帶有更重要的象徵性意義。一方面，透過外邦教會所回饋的捐獻，福音工作在外邦人中拓展的闊度和深度就更清晰地顯露出來；另一方面，這也展示外邦教會與猶太教會手足相顧的密切聯繫，甚至可以說這是外邦教會飲水思源、責無旁貸的義務，亦是福音惠及外邦的合理結果。正如保羅在羅馬書十五章27節的解釋：「……既然猶太的基督徒讓外邦人分享屬靈的恩賜，外邦人也應該在物質上幫助他們。」這次的捐獻，大有可能就是掃羅所發動的。

路加在記述第一個外邦家族(即哥尼流)信主以後，緊接著的就是第一個外邦教會(即安提阿)的建立。雖然首個外邦教會在耶城教會的「監控」下得以順利開展，但這並不意味外邦信徒與猶太信徒之間的矛盾就此化解，相反，兩者在生活文化上仍存在相當大的差異。又安提阿教會的迅速發展，更大大促成了兩地教會彼此對衡的緊張局面。下一章討論的耶路撒冷會議，就明顯反映了當時安提阿教會與耶路撒冷教會之間的分歧。

「基督徒」

「基督徒」這名稱的希臘語 *Christianos*，是由 *Christos* 和表達一種所屬關係或成員關係的後綴 *-ianos* 組成，意即「屬於基督／彌賽亞的人」。這名稱正好說明初代基督教會的信仰核心，即「耶穌就是基督」。經文的字裏行間顯然把這名稱的出現歸功於巴拿巴和保羅的傳道工作；在這之前，凡相信主耶穌的人只稱為「信徒」或「跟隨者」。

你認為「基督徒」這名稱在當初的用法與今天的有何不同？

在巴勒斯坦(特別是猶太地)，由於很多猶太信徒仍然視基督信仰為猶太教的一個派系，所以他們對這名稱可能會有所顧忌，但在外邦人的社會裏，承認耶穌為「基督」與承認耶穌為「主」沒有太大的分別，因此，這名稱起源於安提阿這外邦城市而不是耶路撒冷，是自然不過的。不過，有一點需要特別留意，按路加所記，這名稱原不是信徒對自己的自稱，而是教外人對歸信基督的人的稱呼。在很大程度上，雖然這名稱可能帶嘲弄、貶損的語氣，但亦同時確定了「基督徒」的身分，使之漸漸與猶太教徒分別開來。在新約時代，這名稱還不算十分普及(十一26，二十六28；彼前四16)；直至第2世紀，這名稱才漸漸成為耶穌跟隨者的稱呼。

7.2 彼得和希律(十二1～24)

● 釋經短註4~7

福音的拓展在安提阿一直都是暢通無阻的，但在耶路撒冷卻處處受到阻撓。使徒行傳十二章與十一章末形成了強烈的對比。

自教會成立以來，猶太教領袖一直都為教會日益擴張而苦惱。但由於猶太教領袖權力有限，所以除了向教會成員裝腔作勢之外，就不能做甚麼了。但作為猶太人的王希律，他就有權柄施行一些更嚴厲的措施。這位希律就是亞基帕一世(Herod Agrippa I)，是大希律的孫兒。大希律死後，希律家所管轄的地區已經大大削減，但到亞基帕一世在任期間，他又從羅馬政府手中取回原來的轄區。在政策上，亞基帕一世一方面保持對羅馬政府的效忠，另一方面也對猶太教極為尊重。亞基帕因遵守傳統猶太教的教訓和律法上的規條，所以深得猶太人的敬重。

這確實是矛盾，禱告的人迫切地禱告，但卻不能相信上帝真的可以成就所祈求的（十二15）。你可有這樣的經歷呢？

據使徒行傳十二章的記載，亞基帕為討好猶太人（或猶太人領袖），在迫害初成形的基督教會一事上顯得相當的熱心，如把十二使徒之一的雅各處斬；之後，他又監禁彼得，計劃在逾越節期間進行聲勢浩大的審判，要彼得好像他的老師耶穌一樣死在逾越節期間。他指派4組羅馬士兵共16人看守彼得，其中兩個士兵更以手銬與彼得同鎖在監裏。然而，在審判的前一夜，當彼得正熟睡之時，有天使前來神奇地把他帶走。他的夥伴們正為他的獲釋而禱求上帝，卻不能相信他真的能平安回來。之後，彼得吩咐他們將發生在他身上的事通知耶穌的兄弟雅各（也是耶路撒冷教會的領袖之一）和其他的信徒，而他自己則往別處去躲避一下。

同是信主的人，但並非每一個的遭遇都好；那麼，在你的信仰生活中，你如何理解上帝的祝福呢？

希伯來書說有人「藉著信心……逃脫了刀劍的殺戮」（十一34），也有人「藉著信心……被刀劍殺死」（十一37）。雅各和彼得都是遭希律迫害的教會領袖，然而，上帝卻只拯救了彼得，為甚麼？這大概連路加自己也不能解答。在信仰生命中，我們不時會遇到這些問題，但我們應該相信上帝的公義和掌管。因此，路加並未就此放過希律，到最後還指出他作惡的收場。

希律從耶路撒冷出發去地中海海邊的泰爾（或稱推羅）和西頓，與當地的居民交涉。在作了一次公開演說之後，他博得聽眾的奉承，甚至被稱為神明（十二22）。作為猶太人，他不應默許這稱許，應該把榮耀歸給上帝，但他沒有，因而被認為是褻瀆上帝。結果，他當場被上帝的使者擊打，接著就患病而死（卒於公元44年）。

讀者讀完第十一章末至十二章，不難發現當中有很多有趣的對比：

• 安提阿教會的傳道工作事事暢通無阻，但耶城的領導層卻受到沉重的打擊；

- 彼得被希律迫害，坐牢，在絕望之中被天使釋放，但那自由自在的希律，最終卻在人生最得意的時刻被天使擊殺；
- 彼得不費吹灰之力便走出了重門深鎖的監牢，但卻在教會聚會處不得其門而入；
- 教會迫切地為彼得的安全向上帝禱告，卻不能相信他們的禱告已蒙應允；
- 正當巴拿巴和掃羅為賑濟猶太地的信徒而押運捐款到耶城，彼得卻因遭受逼迫而暫時離開耶城。

這些對比的意義何在？很難一一定斷，但任何仔細閱讀的讀者都會覺得其中有一種耐人尋味的感覺。

為展示初代教會是朝著大使命這方向發展，路加這位出色的作者在撰寫使徒行傳時，著重的並非按時序記錄事件，而是展示出信徒在這些事件中如何朝著大使命的方向推進：先有司提反向一羣在耶路撒冷的希臘化猶太人傳道，後因他的殉道導致基督徒四散，福音亦因而傳到其他地方去，之後有腓利向撒馬利亞人和外邦太監傳福音，信主後的掃羅又立即在大馬士革傳福音，繼而向耶路撒冷的希臘化猶太人傳福音，彼得在呂大、約帕，特別是在凱撒利亞的哥尼流家中傳福音；直至現在，路加帶領我們來到敍利亞的安提阿，看到在巴拿巴和掃羅的協力同工之下，有無數外邦人信主。此間的過程並非事事順利，但希律的死似乎是要說明，最大的攔阻已經被上帝親手挪開了。讀者正期待著初代基督教會將會有突破性的發展，而這正是使徒行傳第三個大段落的結束語所揭示的：「上帝的道繼續擴展，日見興旺。」（十二24）

釋經短註

1. 十一20：一些較早期的抄本以「希臘化的人」代替這裏的「希臘人」，《和合本》附註的小字也列出這異文(「說希臘話的猶太人」)，但原來希臘語的意思並不限指猶太人。不過無論是指「希臘人」抑或「希臘化的人」，在新的信徒羣體中，顯然有些是猶太人，有些是外邦人。

2. 十一28：約瑟夫在其《猶太古史》中(20. 51~53, 101)亦有與這次饑荒相若的記載，那是發生於公元44至48年間的事。他更指出，當時在羅馬一帶亦出現糧食短缺的情況。克勞第(Claudius)是當時的羅馬皇帝(統治期為公元41～54年)。此外，埃及在公元45至46年間也曾發生饑荒。因為埃及是地中海東部很多地方的糧倉，所以如果我們容讓修辭上的誇張，路加稱這為「天下」的饑荒也並不為過。

3. 十一30：有趣的是，路加指出掃羅和巴拿巴將捐款交給耶路撒冷教會的「長老」，並沒有提到他們與使徒的接觸。在使徒行傳中，使徒比長老重要得多，路加為何不提使徒而提到長老(參十五2、4、6、22、23和十六4的「使徒和長老」)？這可能是因為之前希律王逼迫的緣故，使徒們暫時離開了耶城，當時還未回來(參徒十二17)！

4. 十二2：新約聖經中有許多位「雅各」。這裏所指的是西庇太的兒子，使徒約翰的哥哥雅各(參太十七1；可十四33)。

5. 十二10：從經文的描述看來，彼得大概被監禁於耶路撒冷西北面的安東尼堡(Antonia Fortress)；這大樓有鐵門可直接通往聖殿範圍。

6. 十二15：當時有不少猶太人認為，每一個人都有一個護守天使看顧(參太十八10)。

7. 十二20～23：雖然經文似乎暗示希律是即場被上帝擊殺，但按猶太人史學家約瑟夫的記載，他是患了怪病，腹部極其痛楚，過了幾天才死。文中的「被蟲咬」大概是指希律患病時的腹痛。有趣的是，約瑟夫描述大希律(即文中希律亞基帕的祖父)之死時，也是用「被蟲咬」來形容他極度的腹痛。路加長話短說，大概是要突顯希律的褻瀆與上帝的審判之間的直接關連。

溫習問題

1. 試介紹安提阿教會的特色(參十一19～30)。
2. 門徒由何時開始被稱為「基督徒」(十一26)?這名稱是甚麼意思?
3. 對於當時教外的人而言,「基督徒」有何含意?
4. 外邦信徒賙濟猶太信徒這事包含甚麼象徵性的意義(十一27～30)?
5. 希律王(亞基帕一世)為何要下令逼迫基督徒(參十二1～3)?他如何對待基督徒?
6. 試描述彼得是如何被救出獄的。
7. 彼得獲救之後,門徒見到彼得時有何反應?
8. 試列舉使徒行傳第十一章末到第十二章的一些有趣對比。
9. 按使徒行傳的記載,希律是怎樣死的?你認為這事件在使徒行傳中有何重要意義?
10. 路加這樣鋪排使徒行傳所載事件的次序的目的是甚麼?

第四篇

保羅的宣教工作

在使徒行傳的結構裏，第四(十二25～十六5)和第五(十六6～二十八31)個段落主要是見證保羅如何大展拳腳，履行福音的使命。當中記述了3次獨立的宣教旅程和1次赴羅馬的旅程，每一個旅程都將福音帶到更遠的新地區，而每一次的邁進都標誌著上帝國度擴展的新里程。上帝的愛並不是只賜予某一族羣，而是為所有回應福音呼召的人所預備的。保羅這段差不多長達20年的傳道生涯並不平坦，當中至少兩次被監禁，更受到自己同胞的排斥和猶太人議會的迫害。

本篇所涉及的內容是保羅的「第一次宣教旅程」。這是傳統的標題，然而，使徒行傳從沒有告訴我們是「第一次」、「第二次」或「第三次」；而保羅本人在其書信中也沒有清楚提及這些宣教旅程。那麼，這些旅程會否是使徒行傳的作者虛構出來的呢？又或是因為路加本身是安提阿人，所以就誇大安提阿教會的重要性呢？不大可能吧！從書中細緻的描述看來，我們應該信任路加所載事蹟的歷史性和可靠性，然而，這些史料在他的整輯鋪排下，一次的宣教旅程卻可能是多次的短途旅程的串連，並省略了其中的一些情節(如保羅在以弗所事奉時曾到哥林多短訪、提摩太在帖撒羅尼迦和雅典兩地之間的往來)，於是，就歸納成這3次旅程。這情況與福音書很相似，我們應該相信每卷福音書所記載的事蹟都曾確實發生，但各福音書作者記述每件事蹟的細節時，卻可能會加以發揮和編修。

「第一次」宣教旅程之所以重要，是基於它所帶來的危機和契機。保羅和巴拿巴這次宣教旅程的成功，惹來保守派人士的關注，也引發教會歷史上第一次的大公會議的舉行，而是次會議所達成的共識和結果，要為整個初代教會的發展史奠定基礎。

第八章

第一次宣教旅程

（十二25至十四26）

- 「指派巴拿巴和掃羅，去做我呼召他們來擔任的工作」
  - 保羅傳福音的策略
  - 保羅遭遇排斥的範例
  - 第一次宣教旅程的總結
- 「掃羅——也就是保羅——被聖靈充滿」
- 保羅的第一篇道

安提阿的地理位置使其成為福音傳向亞細亞和希臘的基地，而在保羅日後的傳道生涯裏，這地方亦成為他穿越羅馬帝國北部，向外邦人傳教的主要據點。按使徒行傳的記載，保羅的3次宣教旅程都是從這裏出發的。安提阿可謂名副其實是向外邦各區域傳教的樞紐，是孕育外邦基督徒的搖籃。在安提阿人路加的筆下，安提阿教會在福音向外邦推進的歷史上，顯然佔有相當獨特的地位。

引發第一次宣教旅程的異象是這樣開始的：

8.1 「指派巴拿巴和掃羅，去做我呼召他們來擔任的工作」

釋經短註1~4，6~12

「馬可」是拉丁文名字，他的亞蘭文名字是「約翰」。

巴拿巴和掃羅完成了押送捐款到耶路撒冷的任務後，就返回安提阿（十二25）。路加特別在這裏提到，二人帶同**約翰．馬可**一同回去；這顯然是為不久之後的宣教旅程鋪路。

安提阿教會在敬拜主、禁食的時候領受聖靈給他們的異象，你或你的教會有否這種經歷呢？試分享。

來自五湖四海的信徒聚集在安提阿教會，當他們在敬拜主、禁食的時候，聖靈（可能藉著先知）對他們說：「你們要為我指派巴拿巴和掃羅，去做我呼召他們來擔任的工作。」（十三2）安提阿教會既是這樣領受，也就這樣付諸實行；於是他們禁食禱告，給巴拿巴和掃羅按手，就派遣他們出去，那年大概是公元46年。雖然同行的還有巴拿巴的表弟約翰．馬可（西四10），但他的角色大概是較為次要的，所以他的名字並未與「巴拿巴和掃羅」並列。

他們先到巴拿巴的家鄉塞浦路斯（四36），這地又稱居比路，沿途在各會堂傳揚基督的福音；當時的會堂有例行的教導時間，並常邀請訪客進行演講。到達帕弗時，羅馬**總督**士求・保羅想聽他們所傳的福音，但受到一名叫**以呂馬**(原來的亞蘭文名字可能是「巴・耶穌」)的行法術者阻撓。掃羅嚴責這名術士，主的懲罰立時臨到他，以致他暫時失明，而那名總督亦因而歸信了主。在路加的筆下，這事件的意義乃在於新的屬靈領袖得到了上帝的印證而出現，自此，掃羅的角色可謂蓋過了巴拿巴，兩人的排名亦由之前以巴拿巴為首改為以掃羅為首(比較十三2、4與十三42、50)；而路加亦從此以掃羅那更為一般人所熟悉的拉丁文名字——保羅——來稱呼他。(參8.2專欄「掃羅名字的改變」)

總督(proconsul)是羅馬官級中相當高的職銜。

「以呂馬」是希臘文，意即「行法術者」。

之後，他們從塞浦路斯繼續向北航行到亞細亞大陸，最後在旁非利亞的別加(土耳其南部)登陸；在這個時候，不知怎的，原來頗為積極協助傳福音工作的馬可(十三5)卻在此折返耶路撒冷，而這事令保羅大為不滿。保羅和巴拿巴繼續前行，越過亞細亞大陸，去到彼西底和呂高尼等地方，繼續其福音之旅。

有關馬可離開保羅和巴拿巴的後遺症，參9.2的討論。

保羅傳福音的策略

進入亞細亞大陸後，保羅和巴拿巴有了很清晰的傳福音策略：在到達一處地方之後，必先到猶太人的會堂傳道，及至猶太人抗拒福音時，便轉而向外邦人傳道。這策略成為使徒行傳中保羅傳福音的一貫做法，這至少有兩方面的原因：

保羅的宣教策略是，每到一個地方都先去會堂。相對今天的宣教策略，你認為一個宣教士每到一個地方，應先探訪甚麼羣體呢？

1. 這確實反映保羅對自己同胞的關心，並深信猶太人既為上帝的子民，理應先聽到福音；這一點在保羅的羅馬書中闡述得很清楚(羅一16，九1～5)。

2 從策略性的角度來看，會堂這地方確實為福音的宣揚帶來了很大的方便。一方面，會堂往往讓保羅這種有學識的人來分享上帝的道；另一方面，在外邦的地方，會堂往往聚集了很多敬畏上帝的外邦人，而這一羣「虔誠人」正是保羅最大的負擔。

所謂有得必有失，儘管這個做法反映了保羅的民族情懷(當然亦加上一些神學因素)，亦在策略上有利於向外邦人傳福音，但正因為保羅直搗猶太教的大本營，基督信仰的勃興多少意味猶太教的衰微。對於那些熱心律法的猶太人而言，保羅是一個侵擾者；他引誘外邦人離開猶太教那種嚴謹的律法生活(參二十一20～21)，轉到所謂「因信得救」的大道上，甚至根本地動搖猶太律法的優越地位。保羅和巴拿巴後來在彼西底的安提阿所遇到的迫害，正是因此而起。

保羅遭遇排斥的範例

保羅在宣教歷程中，曾遇到擁戴他的人，也有些反對他的人。在你過去事奉的日子裏，是否也有這樣的經歷？你如何面對？

在某個安息日，保羅被邀請向眾人講道，路加把保羅這第一篇的講章記載得很詳細(十三16～41；參8.3的討論)。會眾的反應非常正面，甚至邀請他下週再來。據使徒行傳記載：

> 下一個安息日，幾乎全城的人都來了，要聽主的道。猶太人看見這一大羣人，心裏充滿嫉妒；他們辯駁保羅所說的話，並且侮辱他。(十三44～45)

相隔只短短7天，是甚麼使猶太人向保羅翻臉？問題可能在於「幾乎全城的人都來了」。既是「全城」，外邦人的數目當然遠遠超過猶太人，那麼我們可以想像，若你是猶太人，你如常回到會堂，卻發現會堂裏塞滿了異族人，連你素常坐的座位也被一個陌生的外邦人佔據了，再加上聽見保羅向外邦人大開方便之門的「因信得救」、「泯沒猶太律法」的新道理，你會有甚麼感覺呢？只有嫉妒，厭惡的感覺！

路加並沒有記載保羅這次講道的內容，大概正是因為嫉妒的猶太人一直插咀辯駁，反對保羅所傳的道，以致保羅不能有條理地宣講；最後，保羅只能說：

> 上帝的道必須先傳給你們。但是，你們不接受它，自以為不配得到永恆的生命。所以，我們要離開你們，到外邦人當中去；因為主已經吩咐我們說：「我已經指定你們作外邦人的光，要你們把拯救帶到天涯海角。」(十三46～47)

保羅在彼西底的安提阿的經歷，成為了他日後傳道生涯中經常出現的範例：

> 在猶太人會堂傳道→很多外邦人信主→猶太人嫉妒和敵視→保羅等人離開會堂→更多外邦人信主→來自猶太人的逼迫→保羅逃跑

保羅對猶太民族的深情是難以言喻的；你對你民族的負擔又有多少？

使徒行傳中一個相當重要的主題是，初代教會所面對的逼迫是來自猶太人的；從第一章到書末，這個主題都很清晰。雖然如此，保羅依然堅持猶太人在福音上的優先權。就是在書末，當保羅到達羅馬，在他飽受猶太人的排斥和苦害超過20年的日子時，他還是念念不忘要將福音先傳給猶太同胞。

與在彼西底的安提阿的經歷一樣，保羅和巴拿巴在以哥念和路司保羅醫好了一個瘸腿的人，這明顯是神蹟，但其他人卻曲解了這神蹟，以為保羅就是神。從這件事看來，你對施行神蹟有何意見呢？

得(兩個城市的距離很近)經歷了同樣的歡迎和敵對(十四1～2)。在路司得，保羅醫好了一個瘸腿的人。當地的外邦人從未遇過如此的神蹟，於是就傳言巴拿巴和保羅分別就是希臘神話中宙斯和希耳米的化身，民眾更預備向他們獻祭。最後因著保羅和巴拿巴的勸阻和傳講福音，才僅僅勸止他們獻祭(十四15～18)。另一方面，在外邦人中幾被奉為神明的保羅和巴拿巴，卻面對猶太人愈益強橫的對抗；猶太人不單決心要傷害他們，屢次用石頭打他們，甚至窮追不捨，一直追至路司得，保羅在那裏所受到的迫害更大，猶太人簡直要置保羅於死地(十四19)。

第一次宣教旅程的總結

保羅不久前在路司得幾乎被石頭打死，為何還要回到那裏？你能體會保羅對他的屬靈兒女，那種甚至赴湯蹈火也在所不辭的愛護之情嗎？

外邦人對保羅和巴拿巴的推崇，與同胞對他們的敵視形成了強烈的對比。保羅的福音去到哪裏，敵對他的同胞就追到那裏。這些人最終來到路司得，慫恿當地的猶太人用石頭打他，直至以為他死了，才把他拖出城外，扔在那裏(徒十四19)。保羅甦醒後再返回城內休息一天，第二天就繼續趕路，前往特庇。保羅和巴拿巴的身心靈已經非常疲倦，他們一方面要長途跋涉，另一方面又可能發覺自己已經走了很遠，於是就從特庇折返安提阿。他們沿途再經過路司得和以哥念等城，堅固和鼓勵初信的門徒，並在各教會按立長老(十四21～23)。

在總結第一次宣教旅程時，路加以扼要的話來概括保羅和巴拿巴述職的重點：上帝已經為外邦人開了信仰之門(參十四27)。這番話不單交代了他們的自我評估，實際上也是作為保羅親密夥伴的路加在使徒行傳中所作的評斷，他以此作為保羅宣教的合法基礎，且為其所傳的福音內容辯護。事實上，這個結論也是保羅日後的宣教旅程所要肯定和堅持的信念，因為惟有當上帝為外邦人開了信仰之門，這才使一切的宣教行動顯得有意義。

8.2 「掃羅——也就是保羅——被聖靈充滿」(十三6～12)

巴拿巴和掃羅在塞浦路斯的帕弗所面對的是一場屬靈爭戰。

羅馬總督士求・保羅對他們所傳的福音非常感興趣，但他屬下的一名術士(可能是他的參謀)巴・耶穌卻加以攔阻。從「巴・耶穌」的名字可見他可能是猶太人，但卻背離了上帝，當上了術士，現在更阻止總督信從福音。這大概是因為他知道這位總督一旦信了主，他就會馬上失業。請留意路加對兩人的描述呈現相當明顯的對比：士求・保羅「為人明達」(十三7)，原來希臘文的意思是「聰明、有智慧」；而巴・耶穌則是「充滿著各樣的邪惡詭詐，故意歪曲主的真理」(十三10)。路加透過這對比間接地向外邦讀者指出，所有聰明、有智慧的人都應該如士求・保羅一樣，接受福音。

掃羅就好像昔日的彼得(四8)和司提反(六5)一樣，被聖靈充滿，給了巴・耶穌應得的判詞：

> 你這個魔鬼的兒子！你是一切正義的仇敵，充滿著各樣的邪惡詭詐，故意歪曲主的真理！現在主的懲罰要臨到你；你要瞎了，暫時看不見日光。(十三10～11)

巴・耶穌因阻止總督接受信仰而遭受懲罰，你認為今天上帝會否懲罰那些阻止別人信主的人？

經文說掃羅「被聖靈充滿」，這並不表示掃羅本來沒有聖靈，而是指出在這屬靈爭戰的時刻，掃羅特別被聖靈充滿。果然，巴・耶穌就這樣立時遭受眼瞎的懲罰，好像掃羅昔日在往大馬士革路上所遭受的突擊一樣（十三11）。經文並沒有交代他何時重見光明，因為更重要的是，作者要通過眼瞎這件事來象徵這個術士的屬靈狀況，並從而顯出掃羅那嚴正的判詞完全得到了上帝的印證。士求・保羅見到這個情景，不得不立即歸信主了！

很大程度上，掃羅在術士巴・耶穌身上所施行的懲罰性神蹟，印證了他的屬靈權柄和領導。你認為這種印證可適用於今天嗎？

對整本使徒行傳而言，這次屬靈爭戰的得勝（這是上帝透過掃羅所施行的第一個神蹟）首先證明了上帝對掃羅的揀選，由此可謂奠定了掃羅的屬靈領導地位。此外，身任塞浦路斯要職的士求・保羅信了主，亦大大有利於福音事工的推展。根據近期的考古發現，士求・保羅的家族原來也是彼西底的安提阿的一個顯赫家族，他的權勢或許能為宣教士提供一定程度的保護和供應。但更重要的是，士求・保羅可能是第一個毋須先與會堂或猶太傳統有所接觸，而直接被接納為上帝子民的外邦信徒，這明顯是一個突破性的發展。

在這裏，路加特別告訴我們掃羅又名保羅（十三9），並從此轉用「保羅」這名字來稱呼掃羅。然而，比稱謂的改變更重要的，是領導人的調動。一直以來，路加都是以「巴拿巴和掃羅」的次序並稱他們兩人（十三2、4），但自此之後，兩人的排名卻倒轉過來（十三42、50，另參釋經短註6）。路加如此刻意的調動，正要表明在外邦的宣教事工上，領導的位置已由巴拿巴轉移到保羅身上了。

掃羅名字的改變

雖然不少人以為掃羅自信主後就改名為保羅，但這看法並沒有確實的根據。

根據使徒行傳的記載，路加是在士求．保羅信主後才告訴我們掃羅又名保羅(十三9)，並從此轉用「保羅」這稱呼。3世紀教父俄利根指出，有些早期基督徒認為掃羅是為了對士求．保羅表示敬意，所以就採用了總督的拉丁文名字「保羅」。後來耶柔米更大力提倡這說法。然而，當時的猶太人有兩個名字本是非常普遍的事，所以掃羅出生時應該已有一個拉丁名字，但因為我們無從知曉這名字是否就是「保羅」，所以仍無從確定這說法的可靠性。雖然「保羅」這名字在羅馬上流社會中並不罕見，但這名字在猶太人中(包括有羅馬公民籍的猶太人)卻是絕無僅有的；在考古文獻中，我們暫時還沒有發現在使徒保羅以前的任何例子。因此，「保羅」是否就是掃羅出生時的拉丁名字，仍是一個疑問。

無論如何，對外邦宣教事工而言，「保羅」這個典型的拉丁名字的確比「掃羅」這猶太名字更易被人受落，且也配合他身分的轉變和使命的落實。

8.3 保羅的第一篇道(十三16～41) ●釋經短註5

這是保羅在使徒行傳中的第一篇講章，亦是最長、最具代表性的一篇；從這講章我們可以看到，路加似乎要把保羅描繪成新一代的「司提反」。在內容上，這篇道與今天的佈道會講章相似，這篇講章可分為兩個段落：十三章16至25節和十三章26至41節。兩個段落開首對聽眾的稱呼都有一定的次序：先是以色列同胞(或亞伯拉罕的子孫)，後是外邦信徒(或敬畏上帝的外邦人)。這與保羅傳道的先後次序相呼應，亦反映了他對上帝救恩臨到世人的次序的看法(羅一16)。

與司提反的講道(參4.1「司提反之死」)相似，保羅在這篇講道中嘗試藉著追述以色列人的歷史，闡明新約教會所傳的福音與以色列人歷史的密切關係。雖然保羅在其中加插了不少年份資料，但描述的仔細程度明顯不及司提反。值得留意的是，保羅在描述以色列人的歷史時並沒有提及摩西，而全篇講章惟一一次提及摩西(十三39)卻帶負面之意。從早期的以色列列王歷史，保羅巧妙地帶出耶穌，並指出他是上帝早已應許給以色列人的救主(23節)。保羅對施洗約翰工作的敍述，也反映出他對有關耶穌生平傳統的認識。這一點對身負「使徒」職份的保羅非常重要(參一1～4)。

第一段的焦點是要透過以色列人的歷史見證耶穌的身分；他是上帝早已應許給以色列的救主，而第二段保羅則開宗明義指出這拯救的信息是給「我們」的(26節)，即包括以色列人和敬畏上帝的外邦人。我們可以把第二段的信息歸納為以下幾點：

1. 耶穌降世的應許(27～29節)：雖然耶路撒冷的猶太人領袖不知道耶穌就是救主，但上帝自古已經藉著先知書預言他的出現、受死和埋葬，而這福音也是上帝給以色列祖先的應許(32節)。
2. 復活的重要(30～37節)：保羅花了相當多篇幅闡述耶穌的復活，以及其他人對此事的見證。耶穌從死裏復活可謂是他真正身分的最好明證(羅一4；林前十五14)。留意文中多次引用舊約聖經(33～36節)，證明耶穌的復活早已在猶太人的聖經裏明確預言了。
3. 耶穌補滿律法的不足(38～39節)：因為耶穌死而復活，所以他能赦免人(指所有人)的罪。猶太人所尊崇的摩西律法根本不能解決人的罪，而惟有耶穌才真正可以補滿律法的不足。《新譯本》在第38至39節的翻譯較能把原文的意思表達清楚：「……赦罪之道是由這位耶穌傳給你們的。在你們靠摩西律法不能稱義的一切事上，信靠他的人就得稱義了。」

在一篇佈道會的講章中，最後的一番話應該是一些鼓勵的話，呼召聽眾決志歸主，但在保羅的這篇講章中，最後的一句話(十三41；引自舊約先知書中哈巴谷書一章5節)卻似乎表達保羅認為自己註定是要失望的；這與昔日司提反最後一番話的語氣十分相似(七51～53)。

保羅佈道的內容顯然標榜基督的救恩。你認為今天佈道會的信息是否都是這樣的呢？

無論這番話是屬於講章的最後部分，還是路加刻意以此作為保羅佈道成果的註腳，在這裏插入這番話確實適合不過，因為接著的第44至46節，正記載了一些頑硬和極端保守的猶太人駁斥保羅的言論，甚至出言侮辱他。他們對保羅佈道的反應正好應驗了這番話(十三41)的警告，而據此，這番話中所指到不信的「你們」就是指猶太人而言，他們與信主的外邦人形成強烈的對比。

釋經短註

1. 十二25：這裏有一個抄本異文的問題需要處理；參《現修》於本節的註腳。按一般中文聖經譯本，兩人應該是「離開耶路撒冷回去」(即返回安提阿)，但較古老的抄本則記載二人「就回到耶路撒冷去」。問題的關鍵在於介詞的不同，前者表達「離開」，後者表達「回到」。雖然在一般的情況之下，較古老的抄本的可信性較高，但在這裏，「回到耶路撒冷去」確實與上文有矛盾，故大多數譯本都採用「離開耶路撒冷」，或將「到耶路撒冷去」理解為「向著耶路撒冷(的事奉)」。

2. 十三1：本身亦來自安提阿的路加，對當地教會的領導層有很詳細的描述。文中提及有別號「黑漢」之稱的西面，很可能是個黑人；這詞源自拉丁語，意指「黑膚色」。

3. 十三3：文中提到的「按手」並非指一種按立的儀式，因為巴拿巴和掃羅在安提阿的傳道工作早已進行了一段日子，他們的傳道職份亦早已被公認。這儀式可能只代表教會對兩人使命的認定和支持。

4. 十三14：彼西底的安提阿位於現今土耳其的中部，是當時羅馬的一個重要城市，也是東西南北交通的要塞。巴拿巴和保羅大概希望在那裏建立一個宣教的中樞站和以安提阿作為以後事工開展的踏腳石。留意這城市有別於前面所提及(亦是我們較熟悉)的安提阿，那是敘利亞省的安提阿。

5. 十三21：舊約聖經並沒有明確指出掃羅作王「四十年」。希伯來文的撒母耳記上十三章1節的句意並不完整，參《現修》的註腳：「掃羅作王的時候……歲，他作以色列王……年。」《和合本》譯文「掃羅登基年四十歲；作以色列王二年的時候」中的「四十歲」，在原來希伯來文聖經是沒有的；《和合本》的譯者大概是要與使徒行傳十三章21節協調。《七十士譯本》最好的抄本在撒母耳記上十三章並沒有第一節，但有些較後期的抄本則說掃羅「年三十歲的時候」(參《呂振中》)。路加(或保羅)在這段經文裏所指的「四十年」，可能反映了當時對掃羅王朝的一個理解。約瑟夫的《猶太古史》6.378記載：「在撒母耳生前掃羅統治十八年，在他死後，多統治二十二年」(即統治共40年)，然而，有些抄本卻不是指「二十二年」，而是「二年」(即統治共20年)；有後期的拉比文獻亦支持「二年」的版本。

6. 十三42：自十三章9節以後，路加改稱掃羅為「保羅」，此後便轉以「保羅和巴拿巴」的次序來並稱兩人。不過，有兩處地方例外，依然以巴拿巴為首。在十四章12節，路司得的人把巴拿巴視為宙斯，把保羅視為希耳米，因為保羅是演說者，而希耳米是傳信息之神。在希臘神祇的排行中，宙斯乃為眾神明之首；在這裏被指為宙斯的巴拿巴似乎仍佔著主導的位置。此外，在十五章12節，當路加描述耶路撒冷會議的情況時，大家乃是聽「巴拿巴和保羅」的匯報；這顯然是路加的刻意調動，他似乎是要低調地交代保羅的貢獻(參下文9.1「路加的文學技巧」)。事實上，對當時耶路撒冷教會而言，巴拿巴始終是第一次宣教旅程的領袖(至少在出發時候)，而他的資歷亦較保羅為深。

7. 十三51：有關保羅和巴拿巴兩人在被逐出境之際跺掉了腳上的塵土，請參路加福音九章5節和十章11節。

8. 十四11～12：根據羅馬文學家奧維(Ovid)的《變形記》(*Metamorphoses*)8.611～725所載，宙斯和希耳米兩位神明曾以人的樣子出現，他們來到路司得，被當地一對名叫腓利門(Philemon)和包吉斯(Baucis)的夫婦接待，於是他們便指示這對夫婦往山上避難，而城內其他沒有接待這兩位神明的居民就全被洪水淹沒。如果這個神話在路司得人中間廣泛流傳的話，我們就不難理解他們為何這樣狂熱地崇拜保羅和巴拿巴！

9. 十四15：把宇宙三分為「天、地、海」是古代很常見的宇宙觀(參出二十11；詩一四六6)。

10. 十四15：面對路司得人的供奉，保羅著意歸榮耀給上帝：「我們不過是人……要使你們……歸向……永生上帝。」這與希律默許羣眾的稱許而僭奪上帝的榮耀：「這不是凡人的聲音，而是神明的聲音！」(十二22)形成強烈的對比。

11. 十四23:「長老」原本是猶太人領袖的銜頭(參路七3,九22),但初代教會早已借用這名稱到教會去(十一30)。在原文「長老」是眾數,顯示早期教會領導層的隊工模式。

12. 十四26:「他們被交託在上帝的恩典中來從事現在已經完成的工作」,回應十三章2節:「你們要為我指派巴拿巴和掃羅,去做我呼召他們來擔任的工作。」這種首尾對應的手法是路加的文學技巧之一。

溫習問題

1. 在第十三章中，保羅與巴拿巴是如何被差派去宣教的呢？
2. 在第十三章中，馬可在這宣教旅程中扮演著一個怎樣的角色？
3. 自十三章9節以後，路加轉以「保羅和巴拿巴」的次序來並稱兩人，這到底有何意義？
4. 如何看出士求・保羅的信主是一場屬靈的爭戰(參十三6～12)？相對於其他信主的外邦人，他的歸信有何特別之處？
5. 為甚麼保羅在宣教旅程中往往必先到猶太人的會堂去(參十三14)？
6. 從保羅的宣教策略及講章中，如何看出他仍相當看重猶太人(參十三14、16～41)？
7. 你認為保羅在十三章16至41節的整篇講章中，最突出的信息是甚麼呢？他如何描繪耶穌？
8. 羣眾對保羅的講道有何反應(參十三42～50)？
9. 在保羅的宣教策略中，他如何將福音對象由猶太人轉移至外邦人(參十三42～52，十四19～20)？
10. 保羅和巴拿巴在路司得宣教時所受到的尊崇，反映了當地人的宗教實況如何(參十四8～18)？

第九章

危機和契機

（十四27至十六5）

- 耶路撒冷會議
  - 耶路撒冷會議的起因
  - 會議的討論
  - 使徒諭令
  - 路加的文學技巧
- 保羅與巴拿巴分手
- 保羅揀選提摩太

路加對耶路撒冷會議及其前因後果的描述，在新約聖經裏可謂極其重要。不同學者分別譽之為使徒行傳的「中心」、「焦點」、「轉捩點」、「里程碑」和「分水嶺」，這些都絕非誇大。因此，我們將會重點講述這會議所涉及的歷史、神學和文學課題。

保羅和巴拿巴第一次的宣教旅程非常成功，而兩人向母會——安提阿——的匯報大概亦非常強調這一次旅程的成果。這隨即惹起初代教會中較保守的猶太信徒的關注，他們堅持信主的外邦人必須受割禮，如猶太教信徒一樣，作為所有基督徒的標誌。這些人大概來自耶路撒冷（或猶太地），我們有時稱他們為「猶太主義者」（Judaizer）。這並非說他們要把初代基督教會「猶太化」（事實上，原初的基督教會本來就是猶太化的），而是他們要把初代的基督教會保持在「猶太化」的框框之下，換言之，所有外邦人必須先歸化猶太民族，才可成為基督徒。

若這些猶太主義信徒的主張得到大眾認同的話，外邦人信主的數目自然會大大減少，因為以當時希臘文化的角度看來，割禮是把原來無瑕的身體加以毀傷的做法，更何況那是男性的生殖器官！這肯定是外邦人不可接受的；如此，基督教會就很可能會分裂為猶太式和外邦式兩派。更嚴重的是，在神學的含意上，整個福音就被征服在摩西律法之下，而對於外邦人而言，得救與否再非單靠耶穌的救贖，而是必須輔以律法的條文和人為的記號。

耶路撒冷會議是舉足輕重的。在使徒行傳中，作者要藉著這次會議的定案奠定保羅向外邦人傳福音的合法基礎；而在保羅的神學思想的發展中，這次會議亦肯定了他對福音和上帝救恩的理解。經此一會，全體教會終能順利建立共識，把這次分裂的危機化為福音向外邦推進的契機。然而，能逃過一次的危機，卻逃不過第二次，那就是保羅和巴拿巴的合作告終！

9.1 耶路撒冷會議（十四27～十五35）

● 釋經短註1~7

保羅和巴拿巴回到安提阿不久，就向教會報告他們宣教的成果。

過了一些日子，他們便面對一個重大的挑戰：有些人從猶太地來到安提阿，在教會中開始教訓弟兄姊妹，要求他們必須遵照摩西的法律，接受割體，否則就不能得救。按照路加所載：「保羅和巴拿巴兩個人跟他們發生了劇烈的爭辯。」（十五2）為了平息是次衝突，教會就差派保羅、巴拿巴和當地教會的幾個人上耶路撒冷。這就促成了初代教會於公元48至49年間舉行的最重要一次會議，一般稱為「耶路撒冷會議」（十五1～35）。這次會議討論的重點並非教會「應否」接納外邦信徒，而是「如何」接納他們；具體來說，就是要處理外邦信徒與猶太傳統間的關係。

試想像你是安提阿教會的其中一個會友，看見教會領袖彼此有不同的見解時，你有何反應？你會私下議論他們的不是抑或為他們禱告，安心等候事情的轉變？

初代耶路撒冷教會的領袖所面對的一個難題，就是悔改歸主的外邦基督徒是否必須遵守猶太律法。首先，我們特別要緊記：猶太人守割禮是基於他們宗教的律法傳統，故當時的外邦人若守割禮，就並非如今天有些人基於衛生的理由一般，而是純粹表明自己加入猶太教的羣體。按此，要求歸信基督的外邦人接受割禮，就等於要他們先成為「猶太教徒」，才可成為「基督徒」；而基督教也就被納入猶太教之內了。如果基督教僅僅是上帝對「猶太人」應許的實現，那麼，所有基督徒就理當遵守「猶太律法」的命令，包括男子要受割禮。但是，如果耶穌是為修好「所有人」與上帝的關係而獻上自己作為贖罪的代價，那麼，對於非猶太人而言，割禮就明顯不適用了。

保羅的福音使命是否可以如他所願的於外邦推進？外邦教會與

猶太人教會能否在基督裏合一而不致分裂？一切全在乎這次耶路撒冷會議的定案。

割禮與外邦人

詳細的背景討論，參釋經短註 2；另參《聖經鳥瞰——基礎篇》第五章「兩約之間」一節。

割禮是上帝與亞伯拉罕並他子孫立約的記號，亦是歸化以色列的條件之一（參創十七23，三十四14～22）。在舊約歷史裏，在以色列和外邦人的關係上，割禮並非一個受爭議的課題。這可能是因為以色列的鄰邦如埃及、亞捫、摩押、以東等大都奉行割禮，只有非利士人例外。此外，大部分以色列人的問題似乎不是拒絕外邦人，而是因太喜歡外邦的文化宗教，常常墮入被外邦同化的險境！因此，律法書和先知書的一個主題，就是呼籲以色列保持她的聖潔，不要隨從外邦的風俗。

然而，為何在新約時代，割禮以至對外邦人的接納卻成為了重點問題呢？要明白這個轉變，我們需要了解兩約之間的歷史發展，特別是那在猶太歷史上（公元前2世紀）產生了深遠影響的馬加比革命。

這革命的興起主要為抗衡當時西流古王安提阿古四世所提倡的希臘化運動（hellenization）。在當時的巴勒斯坦和亞細亞一帶，希臘文化已經非常盛行，而很多猶太人亦深受希臘文化影響。有些猶太人更在耶路撒冷興建體育館，仿照希臘人一樣赤身露體地競技。因為希臘人認為割禮是自殘肢體，乃蠻夷所為，所以不少猶太人為免受嘲弄，甚至在生殖器動了「整容」的手術，使別人看不出自己曾受割禮（《馬加比一書》1.15；參林前七18）！因此，不少敬虔的衛道之士（大概就是法利賽人的前身）就挺身而出，呼籲猶太人嚴守律法，抗衡希臘文化的潮流。

安提阿古所推動的希臘化運動，是要透過消滅猶太人的宗教，徹底同化猶太人，於是他便進行了一連串嚴酷的宗教迫害，特別針對那些依然謹守割禮的人。然而，逼迫愈大，反抗愈大；在這情況下，行割禮與否已遠遠超出了宗教儀式的範疇，而成為了一個猶太人是否忠於耶和華和忠於民族的試金石。同時，如此的國仇家恨也使一般猶太人對沒受割禮的外邦人的態度急轉直下，變得懷疑、拒絕和不友善。

因馬加比革命而產生的哈斯摩尼王朝雖然維持了不夠100年，但由這革命所孕育的民族主義卻是長遠的，且根深蒂固地根植在猶太人的心中。在這個情況之下，割禮也成了猶太人敬虔的主要標誌和忠心愛國的不二保證。

不幸的是，當猶太人極其注重割禮這行為時，卻往往輕視了割禮的屬靈意義，就是上帝立約的恩典和受割禮者除掉心裏的污穢，得以與聖潔的上帝相交。上帝藉著摩西吩咐以色列民要在心裏行割禮(參《新譯本》申十16；《現修》譯作「服從上主」)，並應許「上帝必給你的心和你後裔的心行割禮(《現修》譯作「上帝要打開你們和你們子孫的心門」)，好叫你盡心盡性愛耶和華你的上帝，使你可以存活」(《呂》，申三十6)。先知耶利米將割禮的這個屬靈意義加以發揮，警告以色列人和外邦人，就算他們在肉體上受過割禮，但如果在心靈上沒有受割禮，不遵守割禮所象徵的約，實在與肉體沒有受割禮的無異(參耶九25～26)。在羅馬書，保羅更進一步演繹：「其實，誰才算是真猶太人，真受割禮的人呢？並不是在外表上作猶太人、接受過身體上的割禮的。真猶太人是從內心開始的；換句話說，他心裏受了割禮，是上帝的靈的工作，而不是藉著法律經典。……」(羅二28～29)

耶路撒冷會議的起因

要了解這會議的起因是一個相當令人頭痛的問題，因為聖經似乎提供了兩個版本：

1. 使徒行傳第十五章是有關這會議最詳細的記載，從第三者(路加)的角度描述，只是我們不能肯定路加有否出席是次會議；
2. 當事人保羅自己的敍述，記載在加拉太書第二章1至10節。文中的記述雖與前者很相似，但也有重要的差異。例如保羅在加拉太書二章説自己是奉啟示上耶路撒冷，並説耶城教會領袖對他「沒有新的指示」(加二6)，但使徒行傳十五章卻説他是受安提阿教會差派(十五2)，並接受耶城教會領袖所要求的4項禁戒(十五20、29)。

因為這些出入，好些著名學者認為這兩個記載實指不同的事件，而加拉太書第二章1至10節可能是描述保羅和巴拿巴將安提阿的捐款送到耶路撒冷時的情形(徒十一27～30)。使徒行傳十一章27至30節的描述很簡單，所以與加拉太書二章1至10節沒有太大的衝突，甚至有些平行的地方。雖然要把這兩個記載看為同一事件原則上是可能的，但根據我們現在所有的歷史資料，**兩者在年期上並不吻合**。因此，早期教會傳統和現代大部分學者都認為加拉太書第二章1至10節與使徒行傳第十五章指同一件事，這亦是本書的立場。

對有關問題的討論，參釋經短註3。

按此，會議的舉行源於一些耶路撒冷較保守的猶太裔信徒(當中有些應該是法利賽人，參十五5)眼見安提阿教會的人數愈來愈多，於是就來到他們中間，指出外邦信徒必須接受割禮，並遵行摩西律法及相關的猶太習俗，才能與猶太人一樣，成為上帝的子民。這意味著外邦人如果要成為基督徒，必須首先成為一個猶太教徒。從個人層面來看，信了主的外邦人需要守的不單單是割禮，還有所有寫在律法書上的條文，以及一切口述傳統的定例。

對當時很多人來説，這「基督教」運動始終是猶太教的一支(就如當時的法利賽派等)。然而，保羅對福音的領受以及他的福音工作卻正好要證明，這基督信仰雖是起源於猶太教，卻並非歸附於猶太教，而是一個超越猶太教的信仰運動。對他來説，猶太教的禮儀，「不過是將來之事的影兒；基督才是實體」(西二17)。因此，保羅立定心志，向外邦人宣講這關乎普世的救恩，他堅持外邦人只要相信耶穌基督從死裏復活，單單倚靠他的救贖，就能得救，無須遵守猶太人的習俗或律法。一切乃在恩典之下，而不是在律法之下。為此，保羅與巴拿巴就曾與那些保守

倘若基督教成為猶太教的一支，今天我們的信仰生活會是怎樣的呢？

的猶太裔信徒發生劇烈的爭辯，彼此爭持不下，惟有一起前往耶路撒冷，**向使徒和長老們請示這件事。**

安提阿教會決定派保羅和巴拿巴等去耶路撒冷教會請示這事，顯明耶城教會於當時整個基督教會中的領導地位。

在耶路撒冷，保羅和巴拿巴似乎先與彼得、約翰、耶穌的兄弟雅各等會面（加二1～2；參徒十五4），彼此交流各人的宣教傳道經歷。耶路撒冷的使徒們起初可能傾向保守而站在法利賽人的立場，對保羅施加壓力，並曾要求隨行的提多接受割禮。保羅在加拉太書二章回想當時的情況時，語帶譏諷地稱他們為「被認為有名望的領袖」，並說「他們地位高低，我不在乎」（加二6）。後來，因著保羅的堅持和爭辯，並因著他們聽見上帝在外邦人中的奇妙作為，他們才漸漸願意接納保羅的主張：福音真理並沒有要求外邦信徒接受割禮（加二5）。於是，使徒們就決定接納外邦信徒，他們無須行割禮和遵守猶太律法。這決定亦立即體現在外邦信徒提多身上，耶路撒冷教會的領袖最終沒有勉強他受割禮（加二3）。

接下來，使徒召開了一個公開的大會，透過保羅和巴拿巴在會中報告外邦宣教事工的成果，謀求建立整個教會的共識（徒十五6～29）。

會議的討論

耶路撒冷會議主要處理的問題是：

1. 保羅所謂超越猶太律法體系的福音能否得到教會的肯定？
2. 外邦信徒若不接受割禮（意即不先成為猶太人或滿足猶太律法的要求）是否能成為上帝家裏的一分子？

這些問題的出現，主要是源於保羅第一次宣教旅程的豐富成果，

現今的教會可能不會面對割禮的問題，但會否同樣面對「除了基督，仍靠律法而得救」這類教導的挑戰呢？

外邦人信主的數目迅速增加。保羅當然非常清楚，如果會議不能達成共識，將會造成他的宣教工作與耶路撒冷教會之間的分裂。不過，保羅和巴拿巴對此非常有把握，因為他們認定這個不靠律法、單靠基督而得救的福音真理，是完全出自上帝的應許，故無懼挑戰耶路撒冷教會領袖的保守立場。

經過一輪激烈的辯論後(十五6～7)——很可惜使徒行傳十五章並沒有記載其內容！——彼得在會議上發言，彼得的立場可謂代表著當時耶路撒冷教會的官方立場：

> 諸位主內朋友，你們知道，上帝早已從你們當中選召了我，要我把福音的信息傳給外邦人，好使他們聽見而相信。那洞察人心的上帝把聖靈賜給外邦人，如同賜給我們一樣，以此來表明他也接納外邦人。在我們和他們之間，上帝不做任何區別，卻因為他們信而潔淨了他們的心。既然這樣，你們現在為甚麼要試探上帝，把我們的祖先和我們自己所挑不起的擔子，放在外邦門徒的肩膀上呢？這是不對的！我們相信我們得救是藉著主耶穌的恩典，是跟他們一樣的。(十五7～11)

之後，雅各再引用阿摩司書九章11至12節來支持彼得，強調在上帝的救贖計劃中，一直都包括外邦人在內。

其實保羅早已成為外邦人的使徒，但經過一段日子才正式被肯定。若你的事奉一直都不被肯定，你的感受如何？你會繼續堅持，直至被更多人認同嗎？

結果，保羅和巴拿巴的工作得到肯定，外邦信徒無須背負猶太律法規條的重擔，只是「不可吃因祭過偶像而不潔淨的食物，不可有淫亂的行為，不可吃勒死的牲畜和血」(十五20；另參29節)。不單如此，使徒們跟保羅和巴拿巴行右手相交之禮，肯定保羅作為外邦人的使徒，正如彼得是猶太人的使徒一般。使徒們惟一的要求是保羅要繼續記念貧窮的信徒(加二9～10)。最後，耶路撒冷教會寫了一封信，由保羅和巴拿巴以及兩名耶路撒冷的代表(西拉和巴撒巴的猶大)帶給安提阿教會，正式通知他們大會的決定。因著肯定保羅和巴拿巴在外邦信徒當中的工作，這信表示耶路撒冷教會正式接納不行割禮的外邦信徒為基督徒，自此為基督教會超越種族差異的合一性奠定基礎。

這議決是一個劃時代的決定，耶路撒冷母會肯定了保羅的看法，使福音從猶太人的律法體系中得以釋放出來，保羅可以無後顧之憂地繼續他的宣教工作，這對初代教會的發展產生了前所未有的影響。初代教會為接納外邦信徒而制定的新方向，可謂經過了很大的考驗。最後保羅的主張得到確認，這個最重要的決定確定了得救不在於行律法。這樣，外邦人無須先成為猶太人才可成為基督徒。正因為如此，基督教才得以在外邦人中間被廣泛傳揚，並成為全人類的信仰，一直到今天，依然如此。

假設這會議未能達成共識，教會歷史的發展會是如何？今天基督徒的生活又會如何？

然而，根深蒂固的成見絕非一次會議便可立刻清除淨盡。在會議辯論中落敗的(或一些沒有參與會議的)猶太信徒，在以後的日子常不顧大會的決議，或是陽奉陰違，在保羅建立的一些教會(可能是南加拉太的教會)中重申他們的主張，堅持遵行割禮和猶太律法規條的必要性。另一方面，耶路撒冷教會的領袖雖然基本上接受了保羅的論點，但卻不一定都像保羅一樣理解其中的含義，而他們對會議中沒有直接討論的題目，也不一定與保羅有同樣開放的態度。保羅在加拉太書第二章就記載了在安提阿的一段小插曲。

在安提阿的衝突

試想你當時若在場，身為一個猶太裔的基督徒，你會受彼得的影響嗎？

耶路撒冷會議決定外邦基督徒只需遵守4條禁戒，而猶太基督徒則似乎理所當然地繼續守摩西的律法，但會議並沒有清楚交代猶太與外邦信徒一起用膳交誼的問題。如果猶太信徒按照對律法較狹義的解釋，便不能與外邦人同枱用膳(據猶太文獻所示，不同時地的猶太人對這問題均有分歧)。若是這樣，外邦信徒仍如不被接納為上帝大家庭的一分子。

彼得到安提阿時，最初相當開放地與外邦人一同用膳(加二12)，表示他接納和願意與他們交往，正如他曾在哥尼流家所做的一樣(徒十一3)。但及至幾個來自耶路撒冷的保守信徒出現時，彼得便因為他們的壓力而離席，避開外邦信徒。巴拿巴和其他猶太信徒也受彼得的影響而紛紛離席。保羅見狀，就毫不猶豫地當面斥責彼得，因為這行動等於向外邦人宣告稱義始終還是要根據猶太律法，外邦人還是必須先成為「猶太人」，才可以被接納為主內的肢體。若是這樣，基督就徒然死了(加二15～21)。保羅沒有交代事情怎樣了結，我們也不知道彼得當時有否認錯。

毫無疑問，保羅對救恩和福音大能的理解與落實是獨到而毫不含糊的。他可謂把整個猶太教傳統顛倒過來，在原則上，大概除了少數極端保守的分子外，大多數的猶太裔信徒都會認同保羅的立場，不過，要具體地在日常生活中超越種族的隔閡，那就不是容易的事了。彼得的不一致，可能只是眾多例子中的一個而已。

這方面的詳細討論，可參本叢書的《情理之間持信道——加拉太書、帖撒羅尼迦前後書析讀》中對加拉太書的討論。

使徒諭令

儘管會議已經達成了外邦人不需守割禮和摩西律法這個重要的結論，雅各仍提出了外邦人須遵行的4項禁戒。學者稱之為「使徒諭令」。

為何還是「不可吃因祭過偶像而不潔淨的食物，不可有淫亂的行為，不可吃勒死的牲畜和血」(十五20；另參29節)呢？難道這些就是我們這等外邦人在完全自由的福音之下，仍要最低限度遵守的猶太規條嗎？這些要求除有應用上的困難外，與加拉太書的信息也似乎有牴觸。加拉太書二章6至7節給我們很明顯的印象是，對外邦人而言，猶太規條可謂完全沒有必然的約束力，而保羅在此書信中對使徒行傳所載的這些要求亦絕口不提；保羅的結論是清晰的：

> [6]……那些有名望的人並沒有給我甚麼新的指示。[7]相反地，他們看出上帝把傳福音給外邦人的任務交給了我，正像他把傳福音給猶太人的任務交給彼得一樣。(加二6～7)

在很多宗教中，一起進餐是信徒彼此分享溝通的一個重要機會。但在初代教會，由於猶太人必須遵行嚴格的食物條例，所以猶太裔信徒往往不與外邦信徒一起進食。

此外，這4條禁戒的意義和目的也是學者爭論不休的問題。不少人認為這些禁戒主要是牽涉猶太人與外邦人相交生活上的一些避忌，要外邦人遵守實是為要使猶太人與他們能真正**同枱吃飯**。然而，又為何不加上禁吃豬肉等避忌呢？反而卻包括「不可姦淫」這條與飲食無關的禁戒呢？

我們認為，這些禁戒是針對當時外邦社會的情況而言的，以免外邦信徒在不須靠猶太律法得救的大前提下而走上另一極端，與不信的外邦人的道德標準完全沒有分別。使徒無須特別明令禁止殺人偷盜等行為，因為無論猶太人或外邦人都認為這些是罪。但使徒諭令中的禁戒就完全不同。當時的外邦人認為淫亂沒有甚麼大不了，吃祭物和血更是家常便飯，但在舊約裏，這些卻是罪大惡極的，無論是以色列人或在以色列境內的外邦人，都必須禁戒。注意在舊約裏，吃血(包括吃因勒死而沒有放血的牲畜)的嚴重性遠遠超過潔淨禮儀所包括的範疇：以色列人可以將不潔之食物賣給寄居的外邦人吃(申十四21)，吃了不潔之物的以色列人也只是「玷污自己」，而其不潔淨的身體亦只會維持到晚上(利十一38～43)，但無論是以色列人或外邦人，若吃帶血的食物，耶和華「要敵對他，要把他從自己的子民中剪除」(利十七10)。至於吃祭偶像之物和犯姦淫就更不在話下了，民數記二十五章詳細地記載了上帝對這些罪嚴厲的審判。在新約，啟示錄二章14及20節均以吃祭物和犯姦淫為信徒的兩大罪行。

有些學者認為4條禁戒與加拉太書二章中的「沒有新的指示」有衝突，於是推斷這些禁戒只是耶路撒冷領袖一廂情願的「指示」，而保羅自己卻不以為然，亦不放在心上。若此言屬實，我們則無從解釋保羅在他的書信中，為何卻又常常警告外邦信徒不要犯姦淫和拜偶像。所以，我們認為，這些禁戒的確不是當時會議的「新」協定，而是反映保羅自己及早期教會一貫對外邦信徒的道德期望。因此，加拉太書中的「沒有新的指示」，並不是指「沒有那些禁戒」，而是指「使徒認同保羅之見」，並不要求外邦人受割禮。保羅在加拉太書只提「不要求外邦人受割禮」的決定，卻不提那些禁戒，是因為後者與他在加拉太書二章的論證無關，提出來只會模糊了他的論點。但值得留意的是，當保羅在加拉太書表明了外邦人因信稱義(故不需受割禮)的大原則後，在第五章談論外邦信徒應有的生活表現，其中明顯與那些禁戒相應，他明確地指出淫亂和拜偶像的人，一定不能成為上帝國的子民(加五19～21)。保羅在哥林多前書也有同樣的警告(林前六9～10)。

保羅向外邦人談論福音之餘，同樣強調信徒應有的生活表現。當你傳福音之時，是否同時也會解釋信主後應有的生活表現？

路加的文學技巧

路加作品的文學技巧，在新約聖經裏可謂首屈一指。這段有關耶路撒冷會議及其前因後果的描述(特別是在希臘原文)，更可謂將他的文學天才表露無遺。我們會以這段描述為例，幫助讀者欣賞路加的文學技巧，並藉此更深入了解他的寫作目的。

十四章27節至十五章35節的文學結構

首先我們要注意，有關會議的記載是夾在保羅第一次和第二次宣教旅程之間。與第三次宣教旅程不同，首兩次旅程有極多平行之處，例如：

- 聖靈在開展新的宣教工作時的帶領(十三1～3；參十六6～10)；
- 與法術對抗的屬靈戰爭(十三6～12；參十六16～18)；
- 保羅被猶太人逼迫，逃到路司得(十四6)，向外邦人講道，批評他們拜偶像；他被猶太人逼迫，逃到雅典(十七13～15)，講道批評當地人的偶像崇拜；
- 兩篇對外邦人的講章也有相似的主題(十四15；參十七24)；
- 保羅宣告他因為猶太人的不信和反對而轉向外邦人傳福音(十三45～46；參十八5～6)；
- 猶太人因妒忌的緣故唆使羣眾攻擊保羅(十三50，十四2、19；參十七5、13)。

這眾多的平行造成首尾對稱呼應的效果，突顯了中間的會議。

在這段記載中，路加4次提到保羅和巴拿巴報告外邦宣教工作的成果(十四27，十五3、4、12)。這些宣教報告帶動著故事的發展：

一方面，報告引發來自猶太教會的爭議和反對，信徒中較保守的猶太主義者堅持外邦人必須受割禮才能得救(十五1、5)，這意味著外邦宣教可能會因耶城教會的反對而夭折；但報告引證上帝在外邦人中的工作，化解了這危機(十五3、13～35)，並將之轉化為福音向外邦大幅度拓展的契機。自此，外邦宣教工作得到耶城教會的肯定和祝福，保羅可以帶著耶城「總會」的權威，無後顧之憂地履行「大使命」(一7～8；另參太二十八18～20)。我們可用以下圖表展示這發展，並將原文的平行字句列出：

1	宣教報告(十四27)：「上帝藉他們所做」、「外邦人」 →	危機(十五1)：「有些」、「割禮」、「摩西的法律」 →	初步的爭辯(十五2)：「不少的辯論」(《現修》譯作「劇烈的爭辯」)
2	宣教報告(十五3)：「外邦人」 →		危機初步解決(十五3)：「欣慰」
3	宣教報告(十五4)：「上帝藉他們所做」 →	危機(十五5)：「有些」、「割禮」、「摩西的法律」 →	最後的爭辯(十五7)：「多多的辯論」(《現修》譯作「長時間的辯論」)
4	宣教報告(十五12)：「上帝藉他們所做」、「外邦人」 →		危機最後解決(十五13～35)：「欣慰」(十五31)

安提阿與保羅的沉默

在第一和第二次宣教旅程中，安提阿教會和保羅的主導性是顯而易見的。路加清楚表示，安提阿教會是孕育外邦基督徒的搖籃，是向外邦各區域傳教的樞紐，並差遣了首批宣教士有系統地向外邦人傳福音。至於保羅，他在這兩次宣教旅程中的重要性就更不在話下了。

奇怪的是，在兩次旅程之間的耶城會議中，路加筆下的保羅和安提阿教會卻是異常沉靜和被動。雖然討論的課題直接關係到外邦人——即是對保羅和安提阿教會最切身的課題，但會議卻明顯由耶城教會及其領袖主導。

我們要了解安提阿教會與保羅的沉默，明白使徒行傳不純是「年鑒式」的歷史記錄，而是有選擇性地取材的，再配合路加自己的神學洞見和文學手法，表達出福音怎樣從耶路撒冷一脈相承地傳到地極，由猶太人而及於外邦人。

雖然從歷史的角度而言，安提阿教會和保羅的重要性是無可比擬的——路加的描述也清楚地肯定這點，然而，從神學的角度來看，耶城教會才是外邦宣教的總部，因為將福音傳遍「耶路撒冷、猶太，和撒馬利亞全境，甚至到天涯海角」的使命，是主耶穌首先交給耶路撒冷的使徒的。因此，路加很強調耶路撒冷教會和使徒的領導地位，也刻意指出保羅的外邦宣教是帶著耶路撒冷的授權和祝福的。耶路撒冷教會不單為外邦宣教發出任命，同時正因為猶太和外邦宣教都源於耶路撒冷，所以耶路撒冷教會也成了猶太和外邦教會合一的基礎。若缺少當時耶城教會領袖的認可，外邦教會就算不變成旁門左道，最終也只會淪為早期彌賽亞運動的一小派別而已，實在算不上「上帝子民的同胞」和「上帝一家的人」(弗二19～20)。

我們看看路加的神學角度如何影響他對安提阿教會的描述。故事的開首(十四27)是第一次宣教報告。在此之前，路加已經用了整整兩章經文來記載這個極其成功和精彩的宣教旅程。為著這旅程的收穫，安提阿教會理應大肆慶祝，但路加卻沒有記載安提阿教會任何「欣慰」的表示，對保羅和巴拿巴也沒有一句嘉許之言，只是很平淡中立地指出他們和門徒住了好些日子。而且，在路加的鋪排下，跟著來的，還有來自猶太地的反對之聲（十五1）！不單如此，在保羅和這些猶太主義信徒的爭辯中，安提阿教會亦沒有表態，只是送他們到耶路撒冷請示使徒和長老（十五2）。

第二次報告發生在保羅往耶城的路途上。路加特別記載他們途經腓尼基和撒馬利亞，而當地的信徒對保羅的宣教成果極表「欣慰」（十五3）。他們積極的反應，與安提阿教會的沉默形成了鮮明的對比。這些信徒似乎與會議無關，他們對外邦宣教工作的參與也遠較安提阿教會為少，但為何路加不讓安提阿教會表態，而要浪費筆墨描述這些「周邊」信徒的反應呢？原因很簡單：猶太信徒的爭議不能由安提阿教會來鎮服，必須由猶太地的信徒自己來消解；腓尼基和撒馬利亞的教會正是猶太人的教會，**受耶城使徒所照管**。他們對保羅宣教報告的欣慰反應，已暗示了耶路撒冷教會對外邦宣教予以認可的羣眾基礎，為危機的化解帶來了希望。

留意路加特別記載撒馬利亞教會得到彼得的認同，參八章14至23節。

當然，我們相信實際上安提阿教會對宣教報告的回應理應比猶太地教會更欣慰和正面，但就路加的寫作目的而言，最重要的不是安提阿教會的自我確認，而是猶太教會的認同。事實上，身處羅馬帝國第三大城市的安提阿教會，財雄勢厚，人才濟濟，很容易被視為與耶路撒冷教會分庭抗禮的競爭對手，路加刻意地描寫安提阿教會對耶路撒冷教會的尊重和謙讓，是為了避免安提阿教會給讀者一個要鬧獨立的印象，影響了外邦和猶太教會的合一。

從路加的表達手法中，顯出了安提阿教會如何成熟地處理教會彼此之間的衝突。你從中學習到以甚麼原則來處理教會內部的衝突嗎？

與第一次宣教報告一樣，第三次報告（十五4）也引起了危機。那些法利賽派的信徒在會中宣告外邦人必須受割禮和遵守摩西的法律（十五5），而由十五章2節的「不少的辯論」也演變成十五章7節的「多多的辯論」，這意味著危機的升級。路加正要藉此讓耶路撒冷教會盡情表達和宣洩一切的反對之聲。

當保羅作第四次宣教報告時(十五12)，就帶來了危機的最後化解，因為耶路撒冷的反對之勢已如強弩之末，代之而起的是耶路撒冷教會整體的支持和肯定，這肯定的終決性再也不能受到任何猶太信徒的挑戰和反對。

路加的神學角度同樣影響了他對保羅的描述。在整個故事裏，路加並沒有記錄保羅的片言隻語。他所記載的兩次演說，乃以彼得為首、以雅各總結。彼得在表明自己的立場時，更説自己早被上帝選召來傳福音給外邦人，路加若不指明是彼得在説話，我們還會以為那是保羅呢！

倘若你是保羅，你在會中會如何回應那些保守派人士呢？

當然，保羅是不可能在會議中全然沉默的；留意在十五章2節，路加已經記載保羅在會議之前跟那些猶太主義信徒起了爭執和「不少的辯論」，而十五章7節更指出這爭辯在會議中已升級為「多多的辯論」。既然保羅在會議前已參與這「不少的辯論」，在會議中他當然也會參與這「多多的辯論」，而不會置身事外。但是，路加卻刻意低調處理保羅在會議的參與，沒有記載他的發言，其中原因只有一個：猶太信徒的反對聲音，只可以由猶太領袖去平息。因此，路加別有用心地製造一個文學效果：這議決乃由耶路撒冷教會兩大領袖成全的，由彼得提出，而雅各下令、執行，保羅和巴拿巴根本無需要出面爭取或承擔任何責任。

教會中出現意見分歧是非常普遍的事，最重要的是坦白地討論，尋求明智的引導，並從聖經中尋求指引。你有否這方面的經歷呢？

不單如此，當會議完畢後，耶城教會派出代表與保羅和巴拿巴同行，將有關議決的書函帶回安提阿教會公布。值得留意的是，在這次安提阿的集會中(十五30～32)，保羅仍然沒有發言，處處保持對耶城教會領袖的謙讓和尊重。在這次全體信徒的集會中，路加特別突顯猶大和西拉的主導地位，指出他們「也是代上帝發言的先知；他們向信徒們說了許多話，激勵他們，堅固他們的信心」(十五32)。直至他們在安提阿住了一些日子離去後，才輪到保羅和巴拿巴作教導(十五33～35)！路加更特別提及在第二次宣教旅程之初，保羅很「聽話」地把耶城領袖所定下的規例吩咐眾外邦教會遵守(十六4)。

耶城會議在使徒行傳中的角色

當教會出現衝突時，若不能坦誠地、冷靜地處理問題，往往會導致分裂，然後各自鬧獨立。你有這方面的經歷嗎？

在第一章我們已經提到，路加儘量避免顯出保羅鬧獨立的形象，從僅有的歷史資料看來，路加使保羅處處與彼得看齊。簡言之，保羅就是第二個彼得，他所作的任何重要事件，彼得已經早已作過了。沒有彼得先前向外邦人傳福音，就不可能有以後保羅的外邦宣教事工；因此，耶路撒冷會議的議決可以說是哥尼流信主一事的自然發展和邏輯結論。

在哥尼流事件裏，彼得的「外邦宣教」——特別在接納未受割禮的外邦人為上帝教會的一分子方面——先被猶太信徒批評，然後才得到肯定。同樣地，保羅在第一次宣教旅程的結論，即外邦人無須受割禮也可成為上帝的子民，也是先被猶太信徒批評，然後才得到肯定。這肯定也為以後的外邦宣教旅程表明了耶路撒冷教會的授權。

路加深信在上帝的救贖計劃裏，外邦人無須先成為猶太人才可蒙上帝接納。然而，對他來說，一個完全獨立於耶城教會授權的外邦宣教又是不可思議的。藉著出色的文學技巧，路加極其細緻地勾劃出一個微妙而充滿張力的關係：耶路撒冷教會是外邦教會的源頭和權威，但卻不能將後者同化。當這個關係的性質被公開、正式地界定後，保羅就可再無後顧之憂，在這基礎上，他亦不再需要時刻向耶城領袖請示。

自此，在使徒行傳的記載中，我們不再見到彼得的事蹟了。餘下的就只有保羅，在這歷史的舞台上為外邦宣教事工擔起大旗，大展拳腳，成為後半部使徒行傳的主角。而隨著彼得的引退，耶路撒冷教會也不再是上帝救贖歷史的焦點，她的權威和主導性也明顯淡化。就是在第二十一章，耶城教會雖再次登場，但主要也是為了交代保羅被送到羅馬的原因。當保羅被拘捕以後，路加就好像將耶路撒冷教會忘得乾淨，再沒有片言隻語論及耶城教會及其領袖。從此，路加所注目和展望的，就是遠赴羅馬的保羅如何將福音推展外邦，直到地極：「他大膽地宣揚上帝國的信息，教導有關主耶穌基督的事，沒有受到甚麼阻礙。」(二十八31)

9.2 保羅與巴拿巴分手(十五35～41)

初代教會雖然成功地避過了一次嚴重分裂的危機，但似乎未能避過另一次小型的分裂。耶路撒冷會議圓滿結束後，保羅和巴拿巴二人本應雀躍地計劃下一次的宣教旅程，但他們卻因為馬可(十五37～38；也可能因為發生在安提阿的衝突，參加二11～13)而發生了爭執，結果兩人不歡而散(十五39～40)。

還記得那位年青猶太人阿Mark嗎？在新約聖經中，他常以一個相當普遍的拉丁文名字Marcus出現，他是這次分裂的關鍵人物。問題出於在第一次的宣教旅程中，他在旁非利亞突然折返耶路撒冷(十三13，十五38)。使徒行傳沒有具體說明原因，亦沒有清楚指出保羅和巴拿巴當時的反應(參十三14)。有人認為馬可折返的原因全是因為「思鄉」、「念母」；然而，倘若是這樣，保羅的責難未免太不近人情吧！

一個較可能的情況是：他是一個「宗教上的優皮士」(religious yuppie)，就如很多年青的基督徒一樣，總喜愛參與一些「新穎」和「前線」的基督教事工(例如短期宣教或植堂計劃等)，卻沒有經過審慎的考慮，只求一時的屬靈刺激。保羅和巴拿巴的第一次宣教旅程當然是既新鮮又刺激的，致使馬可在沒有認真考慮之下便加入了這事奉的行列。他們的第一站是塞浦路斯，在那裏，馬可很熱心地協助他們(留意路加在十三章5節特別提到馬可的幫忙)。但在這以後，當他們面對術士和總督士求·保羅的時候，遭逢了很大的挑戰和危險，結果馬可可能被嚇怕了，便退縮而回。

在你的教會中，你有否遇過這類「宗教上的優皮士」？抑或你自己就是這類人呢？

從後來馬可繼續和巴拿巴往塞浦路斯宣教一事看來(十五39)，他大概不是經不起風浪、貪生怕死之輩。事實上，在使徒行傳的字裏行間，我們可以覺察到另外一些致使馬可離開的原因。

這種「跟大哥」的情況非常普遍，你有這樣的經歷嗎？

首先，我們要注意馬可離開宣教隊伍，是在士求·保羅信主後，亦即是路加轉用「保羅」這名字和採用「保羅和巴拿巴」這排名的交界(徒十三9)，其中意味的是巴拿巴和保羅兩人領導地位的易轉，保羅的角色自此顯然蓋過了巴拿巴。最初，巴拿巴的領導地位是非常明顯的，他的名字不單為首，他也可以選擇帶同自己的表弟馬可(西四10)隨行，並以自己的家鄉塞浦路斯(參四36，十三4)為宣教旅程的第一站。他們在第一次宣教旅程中，迂迴地從海路特別繞道塞浦路斯而轉往彼西底的安提阿，與保羅第二次宣教旅程較直接地由陸路經自己的家鄉基利家而轉往同一城市，形成明顯的對比。因此，我們不難想像，作為巴拿巴表弟的馬可，或多或少會對逐漸取代巴拿巴領導地位的保羅產生不滿，甚至不服。然而，對猶太裔的馬可而言，比領導位置的易轉更難接受的，是這易轉所意味的宣教策略的改變，即是福音從此不再依附於猶太文化。

對保羅不滿的猶太信徒，豈止馬可一人。早期教父及經外文獻顯示，大部分早期猶太基督徒都反對保羅，歷時達二、三百年之久。有些更誣衊保羅原是外邦人，因單戀猶太祭司女兒而行了割禮，卻因追求不遂，才轉而極力攻擊猶太律法！

馬可似乎有一個相當保守的猶太背景，他生長且定居在耶路撒冷，他的家是耶路撒冷教會的聚會點（十二12）。他可能是使徒彼得的門徒（彼前五13），根據相當早期的教會傳統，第二本福音書是由彼得口述，馬可筆錄的。他在第一次宣教旅程中可能與保羅發生過強烈的爭執，於是在不愉快的情況下離開，以致後來保羅基於道不同不相為謀的緣故，在展開第二次宣教旅程之前，不惜與提攜他出身、並多年來與他同生共死的親密戰友巴拿巴鬧翻，堅拒帶馬可同行。

無論這些推測是否正確，總之，巴拿巴認為可以再給馬可第二次機會，部分原因可能基於他們的親屬關係，但也可能是巴拿巴的性格所使然，就如當日保羅悔改後不久，他就率先放下成見，較一般耶城信徒更熱誠地接待保羅。同樣，縱然馬可或有不是之處，巴拿巴仍樂意接納他，與他同工；況且，在耶路撒冷會議之後，整個教會——包括馬可，理應都已經對向外邦人傳福音有一定的共識（筆者相信，巴拿巴有此表現也是無可厚非的）。

倘若你是馬可，當你面對保羅和巴拿巴二人的爭持時，你在想甚麼呢？你又會如何向保羅自辯呢？

然而，保羅卻不想冒這個險。大家不妨想像一下當時保羅心裏的籌算：宣教事工因著猶太信徒的攻擊而幾乎中斷，經過一番劇烈的爭論後，好不容易才得到調解。

按著保羅的抱負和熱誠，他必然想全力以赴，步向新的高峰。他明白到這並不是輕易的事，亦自此會背上「忘本」的罪名，但在心底裏，他的確不願意再因為任何人在心理上、屬靈上、神學上或配搭上的不配合，而徒增困擾，阻撓了上帝的工作。

在保羅和巴拿巴分手這事上，你的立場是怎樣呢？你可為自己的立場辯護嗎？你曾否在某些事奉上，無可奈何地「同意（弟兄姊妹）彼此之間的不協調」（agree to disagree）？

究竟誰是誰非？路加沒有給我們清楚的提示——可能他自己也覺得難以判斷吧！無論如何，路加的記述並沒有停留在人的軟弱上，而是繼續揮寫出上帝國度的發展。要分開的，始終都會分開，這是不可避免的事，但上帝的工作卻不會停止的。結果，巴拿巴帶著馬可坐船往塞浦路斯去，如第一次一樣由水路出發，而保羅則帶著西拉，由陸路北上。這一年大約是公元49/50年。

9.3 保羅揀選提摩太（十六1～5）

雖然耶路撒冷會議的核心問題並非只是割禮，但割禮無疑是這次會議最具代表性的議題。事情相隔可能還不到1年，保羅居然在路司得為一名猶太裔信徒提摩太施行割禮（十六1～4）。

我們很難相信保羅會為一個初出茅廬的小子、一個助手，出賣他一直所爭取的立場！反之，提摩太的割禮正好表明，保羅所反對的並不是猶太人的傳統文化。

倘若你是保羅，你會為提摩太施行割禮，把自己陷入另一個危機之中，給予別人（例如猶太主義者）攻擊的口實嗎？

按猶太人的血緣觀念，一個人的血統是源自母親而不是父親的，所以，儘管一位猶太婦人的丈夫是外邦人，她所生的仍然是猶太人。提摩太正正是這樣的一位猶太人：母親是猶太人而父親則是外邦人。因此，為提摩太施行割禮，基本上是一件猶太人履行自身傳統習慣的事情，與基督信仰無關。

保羅身為猶太人，不會反對猶太人遵行割禮或所有記在五經(甚至是某些口傳律法)上的禮節，因為這些都是猶太人文化的一部分。然而，當猶太人執意將其文化傳統強加於外邦人身上，並作為得救的必須條件時，保羅則絕不能苟同。換言之，保羅強烈反對的，是以猶太人的傳統作為信仰基督的附帶條件，甚至以之凌駕於基督信仰之上，要求所有非猶太裔的信徒遵守，並視之為成為上帝子民的基本要求。

在初代教會，有些猶太基督徒往往會把一些原屬於人的文化與福音連繫一起。時至今天，教會是否又會把一些「基督教的傳統文化」與福音連繫一起呢？

由此可見，保羅的見解是非常精闢的：他一方面不要如猶太主義者般，堅持外邦信徒必須歸化為猶太人，但另一方面，他也不要如一般希臘化的猶太人一樣，完全摒棄猶太傳統。事實上，在使徒行傳裏，路加多次指出保羅是一位嚴守猶太律法的人，例如保羅也守潔淨的禮(參二十一23～26)。保羅自己辯稱，他雖然是按猶太人所認為的異端道路來敬拜上帝，但卻「相信在摩西的法律和先知書上所記載的一切」(二十四14)。

保羅確實承認基督信仰是建立在猶太人的傳統之上，但猶太人的傳統卻絕不能凌駕基督信仰，因為這基督信仰才是上帝給予全人類的最終啟示。

使徒行傳的第四個段落結束於使徒行傳十六章4至5節：

> [4]他們經過那些村鎮，把耶路撒冷的使徒和長老們所定下的規例交給他們，吩咐他們遵守。[5]因此，各教會在信心方面得以堅固，人數也一天比一天多起來。

這個結語肯定了耶路撒冷會議決定的落實，信徒(尤其是外邦信徒)亦因為這些決定而「在信心方面得以堅固」，教會的「人數也一天比一天多起來」。路加沒有將這結語放在十五章35節之後，而是先交代保羅與巴拿巴分手的事(十五36～41)及引介保羅的新助手(十六1～3)，於是，置於十六章4至5節的這結語，就明顯突出了以保羅為首的宣教旅程在初代教會的影響力。

釋經短註

1. 十五1：有關文中提及的「有些人從猶太來」，加拉太書二章12節指這些人是來自「雅各」那裏的。這大概指他們是屬同一個聚會羣體，但這並不意味他們有共同的立場。這些人一般稱為「猶太主義者」(Judaizers)。

2. 公元前4世紀，所向無敵的亞歷山大大帝建立了龐大的帝國，希臘文化散佈整個地中海世界。到了公元前2世紀，猶太地歸西流古(即敘利亞)王朝統治。及後，西流古王安提阿古四世(Antiochus IV of Seleucus；統治期是公元前175～164/3年)在新近崛起的羅馬軍隊的威脅下，認為必須加強國境內不同民族的凝聚力，因而積極提倡希臘化運動(hellenization)，以達到同化異族的目的。

   在當時，希臘文化的影響已經遍及整個古代的西方世界。然而，安提阿古在猶太地所推動的希臘化運動，是要透過消滅猶太人的宗教徹底同化他們；所以安提阿古一不做二不休，展開了慘絕人寰的大迫害。他下令焚毀猶太人的律法書，奪取了耶路撒冷聖殿內的金燭台等聖物，並在聖殿的祭壇上建起祭偶像之壇，更在其上宰豬。不單如此，他更下詔嚴禁割禮，勒死那些受了割禮的嬰孩和他們的母親，並將這些嬰孩懸在母親的頸項上，吊在十字架上示眾，他們的家屬和執行割禮的人也同被處死。這樣發展下去，愈慘烈的逼迫只會愈增強猶太人的凝聚力，使猶太人對未受割禮的外邦人產生強烈的敵對心態，而行割禮與否更成為一個猶太人是否忠於耶和華和忠於民族的試金石。

   安提阿古的逼迫引發了著名的馬加比革命。革命軍雖然以寡敵眾，卻神蹟地打敗了敘利亞的軍隊，且潔淨了聖殿，為猶太民族爭取了獨立，建立了哈斯摩尼王朝(Hasmoneans)。自以色列亡國數百年以來，猶太人至此才首次不受外邦政府管轄。擁護自己民族的情緒也隨著自治而達到了頂點。

   時移勢易，不單未經割禮的猶太男童需要復行割禮，連猶太人所侵略攻佔的以土買的外邦人也被迫奉行割禮(以土買人希律以後能成為猶太王，多少拜這次強行割禮所賜)。這樣，割禮就由被嚴禁變成了被強制執行；從一個被安提阿古視為同化猶太人的宗教障礙，變成了一個哈斯摩尼王朝同化外邦人的政治工具。雖然在不到100年後，猶太(即哈斯摩尼王朝)再次亡國，淪為羅馬的轄區，但高度的民族意識已根深蒂固的在猶太人心中，而割禮也成了猶太人的敬虔標誌和忠心愛國的不二保證。久而久之，割禮基本上已與猶太人的宗教特權和民族優越感結合為一，難分難解。

3. 雖然使徒行傳十一章27至30節和加拉太書二章1至10節兩段經文可以指同一件事情，但其中卻有不少問題，例如使徒行傳並沒有提及使徒而只提長老(參上文7.2釋經短註3)，且沒有論及提多和割禮的爭執，這都與加拉太書不吻合；再者，在第一次宣教旅程前，保羅的名望和地位還不及巴拿巴，耶路撒冷領袖何以在那時就肯定保羅作外邦人使徒的地位，甚至有與彼得並列對等之勢(加7～8)？

   其實，無論就地點、人物、事件和事發的時間來說，使徒行傳十五章與加拉太書二章的記載都極其相近，若兩者不是指同一件事，則在短短兩、三年內重演如此相類事件的可能性亦不高。事實上，與使徒行傳十五章及加拉太書二章的記載的差異程度相比，四福音書對耶穌復活的記載的差異顯然更多，但相信沒有學者會因而主張耶穌有超過一次的復活！況且，那些所謂的差異其實大多也不難解釋。例如「奉啟示」或「被教會差派」之別，只是觀點與角度的問題。路加在一個作品內也有這種觀點上的差異，例如使徒行傳二十二章17至18節引述保羅說他在聖殿禱告時受啟示離開耶路撒冷，但九章28至30節卻記載教會因為希臘化猶太人的反對，而將保羅送離耶路撒冷！至於「沒有新的指示」和4項禁戒的矛盾，則參上文「使徒諭令」的討論。

4. 十五7～11：這是彼得在使徒行傳中最後的一番話。當彼得說完這番對保羅工作認同的話後(彼得幾乎把自己塑造成另一個外邦人的使徒！)，路加就此結束了對彼得的描述，這確實是最適合不過。

5. 十五10：文中提及的「擔子」可能是一專有名稱；很多猶太教學者(即拉比)均用「擔子」或「軛」的觀念來形容猶太教的律法。

6. 十五13：初代教會成立不久，雅各已經是教會的領袖之一，參十二章17節和二十一章18節。

7. 十五33：有些抄本在這一節之後加上第34節：「可是，西拉決定留在那裏」(參《現修》於本節的註腳)。按這語句，西拉因沒有立即與巴撒巴的猶大一同回去耶路撒冷，而得著機會參與保羅的宣教工作(十五40)，並成為日後保羅在宣教上的主要夥伴。

溫習問題

1. 試簡述耶路撒冷會議的起因(參十五1～2)。
2. 在耶路撒冷會議的討論中，彼得和雅各如何支持保羅(十五6～11、13～21)？
3. 按使徒行傳的記載，保羅在耶路撒冷會議中相當沉默，你認為當時的實況是怎樣(參上文「安提阿與保羅的沉默」的分析)？
4. 耶路撒冷會議有何重大的議決(十五19～21)？在議決中定下了4項「使徒諭令」，它的意義何在？這4條禁戒與會議的決定有否衝突？
5. 耶路撒冷會議既有議決，為何彼得在安提阿與外邦人同席吃飯時，仍因某些奉割禮的人而有所顧忌，甚至要突然離席(參加二11～12)？
6. 經過耶路撒冷會議之後，路加不再記載關於彼得的事蹟，你認為路加的用意何在(參「耶城會議在使徒行傳中的角色」的分析)？
7. 你認為馬可在旁非利亞折返耶路撒冷的真正原因是甚麼(參十三13；上文「保羅與巴拿巴分手」的分析)？你認同上文對此的分析嗎？
8. 你認為保羅拒絕馬可加入第二次宣教旅程的原因何在(參「保羅與巴拿巴分手」的分析)？這事件如何影響保羅與巴拿巴的關係與保羅同工的組合(十五36～41)？
9. 保羅為提摩太施行割禮的理據何在(參十六1～3)？
10. 從保羅替提摩太施行割禮一事上，可見保羅對遵行猶太律法的立場如何(參上文「保羅揀選提摩太」的分析)？

第五篇

直至到天涯海角

在使徒行傳的最後一個分段，路加把我們帶到「天涯海角」(《和合本》譯作「地極」，參一8)去，展示初代教會如何落實了大使命的指示。

這一篇所涉及的範圍很廣，其中包括我們所熟悉的第二和第三次宣教旅程，以及保羅被押到羅馬的經過；保羅馬不停蹄地從一處地方走到另一處，整個階段歷時至少有10年，佔整本使徒行傳12章之多。在某程度上，我們可以說，之前所發生的一切都是這階段的前奏，就連之前一次的宣教旅程和剛剛過去的耶路撒冷會議，都是為這10年多的傳道事工鋪路。雖然若按篇幅的比例而言，那可能只維持了三、兩天的耶路撒冷會議卻佔去了接近一章的篇幅，其重要性當然不可忽視。但從時間上來說，無論就保羅的事奉歷程、他的神學發展、以至新約聖經中保羅書信的成書經過而言，這10年都是非常重要的時期。(參第十章的「引言」部分)

路加在這階段的記載有一主要特色，就是他常常採用了複數的第一人稱(「我們」)的敍述角度(十六10～17，二十5～二十一25，二十七1～二十八16)。透過這種敍述角度，路加著意表明自己亦在場，見證一切。儘管這是路加的敍述手法，但我們亦很難就此斷定，他確實親身見證整個宣教旅程中的每件事件。然而我們至少可以說，那些以第一身角度敍述的事件，路加很可能是根據自己親身目睹的事情，憑記憶記載下來的。有些學者更從而推斷，在眾多可供路加作為撰寫使徒行傳的參考材料中，路加手上應有一本「日誌」，是他伴隨著保羅，在宣教旅程上邊走邊寫的。事實是否如此？我們就不得而知了。

第十章

愛琴海地區的宣教旅程（十六6至二十一16）

- 在腓立比和帖撒羅尼迦
- 在哥林多
- 在以弗所
  保羅的傳道生活
  以弗所的騷亂
- 返耶路撒冷途中

愛琴海一帶可謂是保羅傳教事工的中心地區(十六～二十章)。這個階段通常被稱為「第二和第三次宣教旅程」，兩次旅程的起點和終點都是安提阿。但在使徒行傳中，這兩次旅程實際上是連續的，之間並沒有明顯的間隔。整個過程圍繞愛琴海海岸，延續了大約8年時間，在期間僅簡短地插入一段造訪耶路撒冷和返回安提阿小住的片段(十八22～23)。

經文中的「聖靈」和「耶穌的靈」大概只是不同的表達方式，「耶穌的靈」並未有特別的神學含意。

保羅因得到**聖靈**的提醒(十六6～9)，就開始圍繞愛琴海的北部和西部巡迴佈道(十六～十七章)，揭開這次宣教旅程的序幕，而這次旅程最後以一段感人的表白作結(二十18～35，事實上，這也成了保羅最後的願望和遺囑)。在此期間，保羅曾以不同城市為基地，作短暫或長期的逗留，深化傳道、教導和牧養的工作，例如在愛琴海西部的哥林多，就至少逗留了18個月(十八章)；在愛琴海東部的以弗所則住了兩年多的時間(十九章)。

在基督教會的發展史上，保羅在愛琴海一帶的宣教工作有著相當深遠的意義：

- 愛琴海宣教的成功，肯定了保羅在安提阿所表達的立場——外邦信徒不須接受割禮，或跟隨猶太人的生活方式。
- 除羅馬書以外，保羅(或以保羅名義而寫)的所有書信，都是寫給這一帶地區的教會：腓立比、帖撒羅尼迦、哥林多、以弗所，還有歌羅西，甚至也包括加拉太。這些教會都位於愛琴海沿岸160公里(100英里)以內的地區。
- 正是在這段時期，保羅在幾年內寫了4卷偉大的書信，包括羅馬書、哥林多前後書和加拉太書。其中羅馬書是保羅在愛琴海的宣教工作即將結束的時候寫成的，保羅在信中完整地闡述了他多年來為之獻身的基督福音。

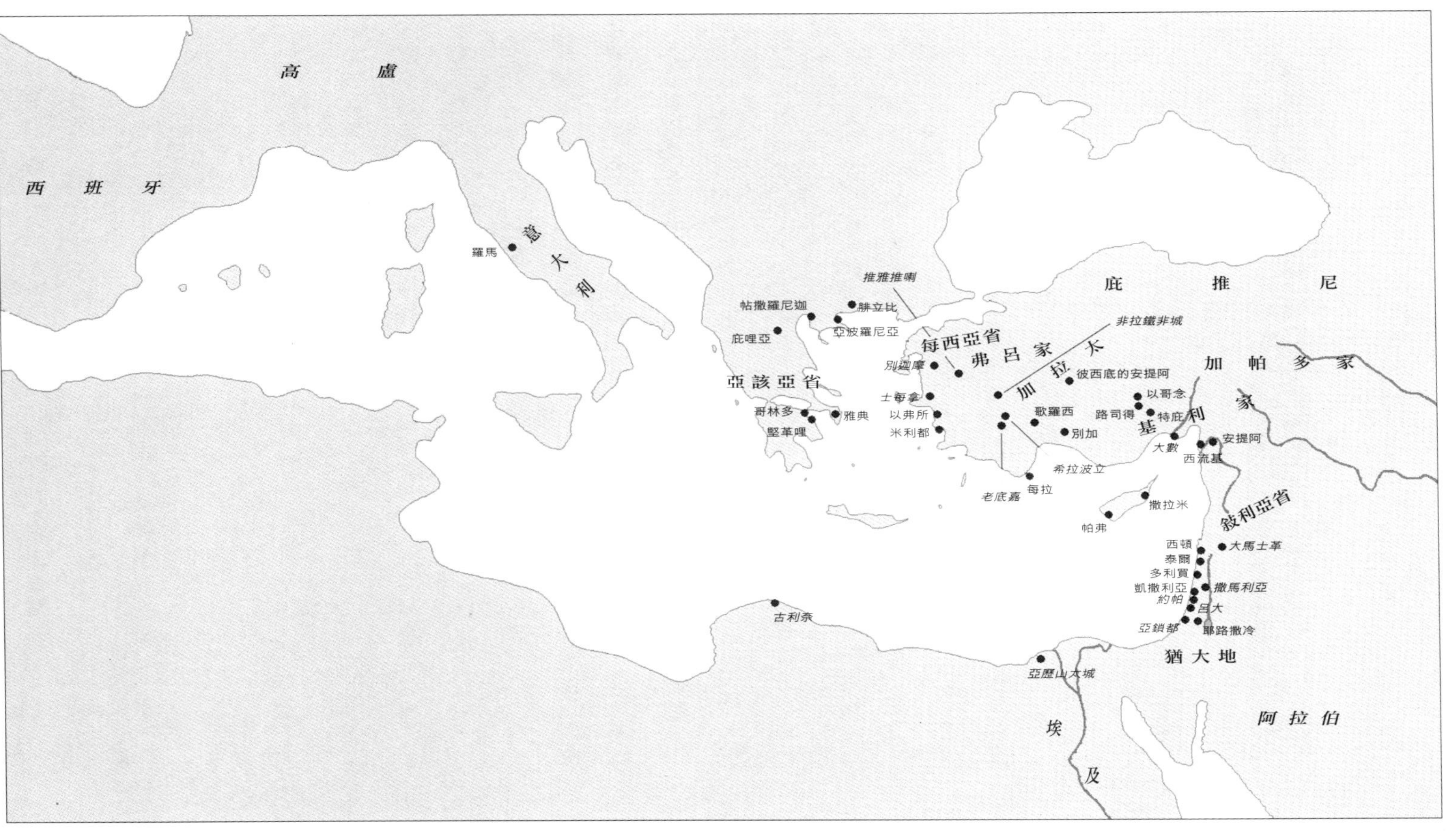

● 保羅在他的宣教旅程中所到過的地方(以正體字顯示)。

10.1 在腓立比和帖撒羅尼迦(十六6～十七34)

「亞細亞」是指當時羅馬帝國的一個省分，並非指「小亞細亞」整個地區。

保羅與西拉從陸路重訪在初次宣教旅程中所建立的教會，堅固他們(十五36、41)。探望過彼西底一帶地區的教會後，他們偕同提摩太，本來打算繼續前往**亞細亞**，目的地大概是亞細亞的首要城市和海港以弗所，但卻被聖靈(可能指先知的話)禁止(十六6～9)。於是，他們就改路北上，打算去庇推尼省的大城市，但同樣又被聖靈禁止。我們不知道當時發生了甚麼事，導致路加如此記載，但有一點是明顯的，就是在使徒行傳中，當新的宣教階段展開時，作者往往都十分強調聖靈的帶領(參八26，十9～16，十三1～4)，而下面的馬其頓異象就更是一個經典的例子。

保羅等沿途經過弗呂家和加拉太一帶地區，可能也在那裏建立了教會。因著不能進入庇推尼省，他們就越過每西亞，來到愛琴海的特羅亞，並在那裏得到馬其頓的異象。在聖靈的帶領下，保羅等人開始圍繞愛琴海的北部和西部巡迴傳道(十六～十七章)。就如主的使者神奇地把腓利從撒馬利亞領到往迦薩遙遠的路上(八26)，又或彼得在異象中見到上帝給他新的指示(十9～16)，這一次，路加鄭重地告訴我，保羅之所以改變初衷是因為耶穌的靈把其他的門都關上了，只開了這一道門，又有異象(所謂「馬其頓異象」)印證這是上帝的心意。保羅的結論是：「我們立刻準備往馬其頓去，因為我們知道上帝呼召我們去傳福音給當地的人。」(十六10)

試想想，當時是否有一些客觀因素(例如天氣、疾病)使保羅迫不得已改變原先的計劃呢？你有否經歷過上帝禁止你做一些你原先認為是好的事情呢？很多時候，我們對上帝旨意的理解，都是過後回顧才明白的，保羅在這裏的經歷會否也是如此呢？

於是，保羅一行人立即乘船渡海進入歐洲，向腓立比、帖撒羅尼迦、庇哩亞、雅典和哥林多各地進發。在這裏(十六10），路加第一次以第一人稱複數的代名詞記載，刻意表明他亦在場；我們一般稱這些記載為「『我們』段落」。

腓立比是羅馬的一個殖民地區和軍事基地，可謂是帝國首都羅馬的前哨站；而對保羅來說，由於它是福音進入歐洲的首個城市，所以亦彷如上帝國度降臨的前哨站。這地區很少猶太人居住，怪不得路加在這裏並沒有提及來自猶太人的迫害，而在他們逗留的日子中，所提及的人物亦全都是外邦人。因為猶太人少，那裏並沒有會堂，只有一些猶太人慣常聚集禱告的地方。這地方通常是在河邊，目的是方便施行潔淨的洗禮，所以保羅等就在安息日去到河邊一個禱告的地方，對那裏的一些婦女講道。婦女中有一位相當有地位的商人（「以販賣**紫色布疋**為業」）呂底亞信了主，她來自推雅推喇城，她和全家都接受了洗禮（十六12～15）。經文沒有提及她的丈夫，所以她可能是單身女子。

在當時的社會，紫色布疋是一種非常貴重的布料，只有富裕的人家或非常尊貴的高官才穿著。

之後，保羅又遇到邪靈之類的問題。利用邪靈生財在古代社會是非常普遍的（參4.2專欄「聖經中的法術」）。在這裏，女奴（《現修》用字）身上的邪靈宣告保羅等人的身分和使命：「這些人是至高上帝的僕人，要對你們宣布那得救的道路！」（十六17）正如邪靈也曾宣告耶穌的身分和使命（參路四34、41，八28）。雖然邪靈說的沒錯，表面看來，它們的「見證」甚至對保羅傳福音有幫助，但是保羅卻不是只求目的、不擇手段的機會主義者，他深信正邪不兩立（參林後六14～18），斷不能借魔鬼的手推動上帝的工作。再者，鬼魔的見證終必帶來真道上的混亂和誤解，所以保羅便從女奴身上趕出邪靈，使她失去占卜的能力（十六18）。但這麼一來就斷了女奴的主人們的財路，惹來公憤，更被人引用羅馬的宗教法規加以指控，結果保羅和西拉雙雙被捕，遭受鞭

保羅昔日在腓立比城傳福音時，被指威脅別的宗教；今天你傳福音時，又有否相類的經歷呢？

打和監禁(十六19～24)。然而，這反而造就了他們向一名獄卒和他全家傳福音的機會。那句家傳戶曉的話：「信主耶穌，你和你一家人就會得救。」(十六31)就是保羅和西拉給那名獄卒的呼召。

無論是現代社會抑或古代社會，先打後審是很多官長辦案的方式；人權在古代社會更可謂從未被尊重過。腓立比的官長大概以為保羅和西拉是一般的猶太人，所以本想用武力警戒後，就釋放他們。然而，保羅和西拉不服；經過一輪交涉後，他們才離開。

根據保羅致腓立比教會的書信，我們知道在腓立比中有一些信主的婦女與保羅一起工作、傳揚福音，其中包括友阿蝶和循都基這兩位姊妹，保羅在信中更特別稱讚她們為福音事工所付上的勞苦(腓四2～3)。但值得留意的是，在這裏對腓立比福音事工的記載，路加由始到終所提及的人物只有呂底亞(十六14、40)。路加運用了首尾對應的表達手法，可能為要突顯呂底亞在這初成立的腓立比教會中的地位。

保羅在腓立比被囚

有關保羅和西拉在腓立比被囚的始末(十六16～40)，路加記載得很詳細，這裏只作幾點補充：

1. 第16節中提及的「有邪靈附身」，原文直譯是：「有皮同的靈在身」。當時愛琴海的聖地特爾斐(Delphi)，被喻為占卜並領受阿波羅神諭的地方，而守護這聖地的是一條龍或蟒蛇，稱為「皮同」(Python)。在這裏，「有皮同的靈在身」可能是一個慣用語，泛指一切有能力作占卜的人。留意文中「占卜將來的事」這短語，在希臘文舊約聖經(《七十士譯本》)裏往往指一些假先知的行徑。
2. 留意指控保羅的人說：「……這些人是猶太人，竟來擾亂我們的城。他們提倡違法的規矩，是我們羅馬人所不能接受、不能實行的！」(十六20～21)羅馬的宗教政策與今天有些國家相似，是以和睦相處為基本精神。各種宗教均可以在羅馬帝國裏共存，但不能互相攻擊，或著意導人改變信仰；保羅的行徑確實違反了這原則。然而，經文並沒有具體地指出那些「違法的規矩」是甚麼，可能是指「耶穌是王」這個認信（參十七7）。

③ 保羅的羅馬公民身分確實為他的宣教旅程提供了不少的方便和保障。羅馬公民可免除被當眾鞭打、釘十字架等刑罰，對自認為不公平的判決，還享有某些申訴權。然而，我們不期然會問：為甚麼保羅不在被鞭打之前（十六22）就聲稱自己是羅馬公民呢？經文並沒有交代這點。我們也許可以推斷，當時羣眾推波助瀾，保羅根本來不及表露身分；但無論如何，因著保羅沒有及時表露自己的公民身分，一名羅馬公民全家得救。

④ 保羅如何證明自己是羅馬公民呢？按一些學者的研究，當一個擁有羅馬公民籍的嬰孩出生後，父母必須在30日之內到當地專責公民記錄的辦公廳註冊。宣誓後，孩子便可以得到一份仿如出生證明書的「雙面記事板」（可摺起來，方便收藏）。對於一般人而言，這證明文件可能會寄存在這辦公廳裏，但對於一些如保羅那樣需要經常旅遊的人而言，他們可能會隨身帶備，以便不時之需。

⑤ 保羅被囚的遭遇與彼得先前被囚的遭遇（十二4～17）可互相比較、對照。在路加的筆下，保羅似乎更勝彼得：彼得獲釋後，只能及時脫身，因而拖累獄卒被處死（十二19）；至於保羅，他本有逃脫的機會，但卻留下來，使禁卒一家都得救。

⑥ 值得留意的是，對於與保羅同行的人，路加一直只提及西拉，而提摩太的名字在十七章14至15節才被提及。這可能意味年輕的提摩太在這次旅程的貢獻並不如年長的西拉那麼顯著。在新約聖經裏，每當西拉和提摩太兩個名字並列出現時，西拉往往都列在提摩太之前（參徒十八5；林後一19；帖前一1；帖後一1）。

從保羅在腓立比的經歷中，你能否體會一個宣教士在異地宣教所面對的壓力與困難？

離開腓立比之後，保羅又繼續他的旅程，到了帖撒羅尼迦（十七1～9）停留了約一個月。路加記載保羅在帖城講道的內容不如在彼西底的安提阿那次詳細（參8.3之「保羅的第一篇道（十三16～41）」），他在這裏只提及很簡單的大綱（十七3）。仔細閱讀，這大綱主要有兩點：第一點是「基督必須受害，然後從死裏復活」，保羅大概是引用舊約的經文來證明這點，並介紹拿撒勒人耶穌的事蹟和教導；第二點則指出「這位耶穌，就是基督」。路加雖然沒有詳細記載講道的內容，但這大綱已反映使徒行傳中一貫向猶太人講道的模式。（參下文專欄「保羅在雅典的講章」）

使徒行傳中的婦女

上帝「抬舉卑微的人」（路一52），可謂是路加作品中的一個主題。雖然婦女在當時重男輕女的社會中常被人視為次等，但在路加的筆下卻往往相當重要。在路加福音裏，當耶穌被捕受刑之時，門徒四散，惟獨一些婦女卻始終跟著耶穌，為他悲傷哀哭（路二十三27、49）。婦女也是最早見證耶穌復活的人（路二十四1～10）。在使徒行傳裏，婦女們早於五旬節之前已恆常參與教會祈禱會，等候聖靈降臨（一14）。馬可的母親馬利亞的家，更早已成為耶路撒冷教會的聚會點，並在教會受逼迫的時候成為信徒落腳的地方（十二12）。

路加更藉著引用約珥書的預言，說明聖靈是無分男女的傾注每一個信主的人，不論兒子或女兒，奴僕或婢女，都要宣告上帝的信息（徒二17～18）。路加也刻意指出執事腓利的4個女兒都有傳講上帝信息的恩賜（徒二十一9），藉此作為約珥預言的印證。

婦女對保羅的傳道事工亦有極大的幫助。腓立比的呂底亞為初到境的保羅提供了容身之所，並以自己的家作為教會的聚會點（十六15、40）。百基拉（和丈夫亞居拉）不單在哥林多接待保羅，更與保羅同行到以弗所才告別，並指正了那滿有口才恩賜的亞波羅（十八章）。留意路加常常先列出妻子百基拉的名字，似乎暗示她往往扮演著主導的角色（參十八18～19、26）。此外，路加也特別記載婦女對保羅講道的積極回應（十七4、34），甚至將信主的婦女排列於男子之先（十七12）。

你的教會如何看婦女在事奉上的地位？

保羅的講道確實大有能力，亦使很多人信主，其中當然包括猶太人，但路加卻特別強調另外有兩班人也歸信了主，他們是「敬拜上帝的希臘人和婦女界的領袖」（十七4）。其中婦女界的領袖（例如腓立比的呂底亞；另參十七12）更在經濟上成為日後保羅傳道工作的支持者。

按照路加在使徒行傳一貫的敘事方式，當保羅得到外邦人擁戴的同時，亦會惹來猶太人的攻擊。帖撒羅尼迦的一些猶太人，就因為嫉妒保羅傳福音的成功，鼓動了一次搜捕使徒的暴亂。他們向地方官抱怨「這班擾亂天下的人」已經來到他們的城市了（十七6），又控告使徒竟在凱撒（即羅馬皇帝）之外承認另一位君王——耶穌（十七7）。處於當時羅馬帝國的政治環境裏，這個控告可不簡單，但很奇怪，當地的官員並沒有認真處理此事，只是收取了幾個信徒的擔保金，就釋放他們了。保羅和西拉在夜間迅速離開帖撒羅尼迦，逃往庇哩亞。

保羅本可由腓立比經帖撒羅尼迦前往以利哩古（參羅十五19），然後再從亞底里亞灣（Adriatic Sea）的另一邊，沿著名的亞比亞大道（Via Appia）抵達羅馬。但可能因為在帖撒羅尼迦遭到突如其來的變故，使他必須從海路離開帖城，轉往庇哩亞去，保羅的羅馬之行就暫時擱置了。結果，要等數年之後，保羅才可再續遠赴羅馬的心願。

保羅在所到的大部分地區，都受到許許多多的攻擊，但惟獨在庇哩亞，他所傳的信息卻得到截然不同的回應。滿有熱忱又富於思考的庇哩亞居民接受了福音（十七10～12），他們「熱心地傾聽信息，每天查考聖經，要知道保羅所說的是不是真實」（十七11）。保羅並沒有因信徒那種窮追不捨的學習態度而煩惱，反而更深入地與他們討論，滿足他們追求的熱心；因此，有很多人信了主。然而，那些帖撒羅尼迦的猶太人隨後亦來到庇哩亞，並且聳動眾人搗亂，於是信徒隨即送保羅去雅典，而西拉和提摩太則仍留在庇哩亞，一方面可以繼續教導庇哩亞的信徒，另一方面又可以與帖撒羅尼迦教會保持聯絡，堅固他們的信心（帖前三1～10）。

要作為一間庇哩亞教會的牧者並不容易，他們可能會因會眾好學尋問的態度而受到冒犯，你認為牧者應如何面對這處境呢？

在雅典四處周遊期間，保羅為雅典滿城的希臘神像而憂心忡忡。

雅典人喜歡爭辯和討論，保羅與伊壁鳩魯和斯多亞兩派的哲學家進行了智慧的交鋒(參釋經短註7)。然而，雅典人很快就把保羅歸入胡說的江湖者之列，但仍讓他在亞略．巴古的議會上宣揚他的觀點。保羅在亞略．巴古的演詞中(徒十七22～31)，展示了他在希臘—羅馬哲學、詩歌、雕塑、建築和宗教等各方面的廣博知識。保羅更以一座「獻給不認識的神」的祭壇作為引子，趁機將上帝介紹給雅典人，但當他講到復活的信息時，演講即被打斷，有人譏笑他(十七32)。雖然大部分希臘人都相信靈魂不滅，但對死人身體復活之説卻認為是無稽之談(參林前十五章)。不過，也有些人表示有興趣繼續聽保羅的講論，有幾個人更成為信徒，其中包括議會的議員杜尼修和一個名叫大馬哩的婦女。

你認為保羅在雅典的佈道方法，是否適用於你身處的地方？

有些人認為保羅因為這次傳福音的策略未能成功，所以到達哥林多時，決定不用高言大智傳揚上帝的奧祕，好使信徒的信心不再建立在人的智慧上，而建立在神的大能上(林前二5)。不過，現代絕大部分學者卻不接受這個見解。根據使徒行傳的記載，保羅遭拒絕是因為復活的信息，因此，他的所謂「失敗」並不是由於他講智慧，而是因為他講復活(當然也必須先講十字架才可以講復活)。再者，路加記載杜尼修和大馬哩的信主，明顯是一個成功的跡象。我們也很難相信路加會費這麼多筆墨來紀錄一篇後人應該引以為戒的講章！相反地，在路加筆下，它是一篇向沒有舊約背景的外邦人(特別是知識分子)傳福音的示範講章。

保羅在雅典的講章

你今天傳福音時對信息的鋪排，與保羅在雅典講道的講章鋪排，兩者有何異同？

使徒行傳所記載的講章，可按不同背景的聽眾，分為兩類：

第一類是向猶太人講道的講章。講者都是先把基督信仰建立在舊約的基礎上，然後才帶出新約信仰的信息，例如彼得在五旬節的講道(二14～36，雖然文中沒有提及猶太人的歷史，但卻是以舊約約珥書為主題；另參三12～26)、司提反的講道(七2～53)和保羅在彼西底的安提阿的講道(十三16～41)。這種表達方式對於源於猶太人的初代教會來說是非常重要的，亦可見初代教會對舊約聖經的重視。

第二類是向外邦人講道的講章。講者處理的手法就截然不同了。在彼得向哥尼流及其親屬所講的道中，基本上沒有與舊約扯上甚麼關係(十34～43)。在雅典，我們又再次看到保羅向外邦人佈道的方式(十七22～31)：

❶ 以周遭的事作開場白(十七22～23)：保羅以他在雅典城裏所見的崇拜場所作開場白，特別當提到那「獻給不認識的神」的祭壇時，他指出他們的宗教熱情只是以敬拜諸神的「量」來替代敬拜對象的「質」，以致他們的心靈依然害怕、空虛、貧乏。

❷ 以上帝與聽眾的關係為主體(十七24～29)：保羅並不是要把「上帝」完全等同於雅典人所指的「不認識的神」，卻是要指出一位有待他們認識的上帝。祂一直等待他們，且能夠真正滿足他們心靈的空虛。這位是創造天、地和其中萬物——包括人類——的上帝。保羅甚至引用兩句帶有古希臘特色的文獻的語句來證明這點，分別是「我們的生活、行動、存在都在於祂」和「我們也是祂的兒女」(十七28)，前者是出自公元前6世紀的詩人埃皮梅尼德(Epimenides)的詩句，而後者則來自公元前3世紀的雅典詩人亞拉突(Aratus)。

❸ 以上帝的審判作結束(十七30～31)：希臘人沒有審判的觀念，他們大多認為敬拜多神總比只敬拜其中的一位好。但保羅卻清楚指出，這種「蒙昧無知」的行為必須停止，只有信靠「上帝所揀選的一個人」，才能得救。

奇怪的是，保羅在全篇講章裏並沒有提及「耶穌」，只說他是「上帝所揀選的一個人」，並藉著從死裏復活來證明他的身分。這可能是因為，希臘人把凡人與神的界線分得很清楚。保羅(或路加)在這裏似乎有意迴避談及作為凡人的耶穌，且藉著指出耶穌從死裏復活，將他的神性強調出來。

10.2 在哥林多(十八1～18)

釋經短註8~11

一般羅馬人的名字都是由兩個或三個詞所組成(猶太人的名字則通常是單詞),從這典型的拉丁文名字看來,這人大概是一名外邦信徒。

保羅由雅典出發,前往哥林多,那就是亞該亞省的首府。

一如既往,他先在猶太人會堂傳講福音,但當猶太人的反對勢力增強時,他便轉向外邦人(十八5～6)。他住在**提多·猶士都**的家裏,並且可能在他家裏開始聚會。路加特別記載這人的家非常靠近會堂,可見**保羅並沒有完全離開猶太人的社羣**。正可能因為保羅仍與猶太人接觸,會堂的主管基利司布和他全家都信了主。

同樣,第18節記載保羅因為許過願,所以剪了頭髮。這也表明保羅並沒有放棄猶太人的文化。另參釋經短註11。

在這時候,猶太人的反對行動愈趨激烈,他們更把保羅拉到總督迦流(Gallio)那裏受審(約公元51年)。不過,迦流對此事顯得有點混淆。與一般的羅馬人一樣,迦流認為這時期的基督教是猶太教的分支,這次衝突只是關乎猶太人教派之間的爭執而已,所以不予理會。猶太人既不能對保羅做甚麼(可能因為他是羅馬公民),就向會堂的(新)主管所提尼發洩。這位所提尼大概就是與保羅聯名寫哥林多前書的那一位,他可能跟基利司布一樣,讓保羅在會堂傳講福音,並因而信主。

保羅在哥林多逗留了年半到兩年的時間(大約是在公元49年末至51年初夏期間;參十八11、18),期間他在極大的壓力和威嚇中作傳道的工。路加記載主耶穌如何在一個異象中鼓勵保羅、安慰保羅(十八9～10)。使徒行傳似乎不太介意,也沒有深究保羅究竟是如何確實地看見一個馬其頓人(十六9)或上帝的天使(二十七23～26)或主耶穌向他講話;最重要的是這異象的信息是甚麼。很多人甚至會待事情發生後，才將昔日的零碎思緒連繫起來，從而構成上帝給他的所謂「異象」，這也不足為怪。事實上，我們往往都是在事情過後，回顧起來，才更確知上帝的安排和旨意。（參下文專欄「保羅的異象」）

此外，由於保羅在這城市停留很久，所以他亦工作；究竟這種邊工作、邊傳道的生活維持了多久？我們很難確定（十八2～3；另參林前四12）。

一般拉比的講授都是免費的，所以很多受過拉比訓練的人都會有一門手藝，賴以維生；保羅大概在信主前已經學會製造帳棚這門手藝。為了確保自己的傳道工作不受制於人，保羅並不隨便接受別人的奉獻資助。保羅不單自食其力，甚至以自己勞力得來的成果供應同工的需用和維持事工的運作（二十33～35）。在哥林多前後書、帖撒羅尼迦前書和腓立比書中，當回應別人對他假公濟私的批評時，保羅是非常義正詞嚴的（林前九1～27；林後十一7～10；帖前二9～10，三8；腓四10～20）。

保羅昔日為了生活而織帳棚。若今天的傳道人在牧會以外，又兼任其他行業的工作，你會如何看他們？

保羅的異象

在基督教用語中，「異象」一般指上帝給人的特殊信息。這信息的傳達可以純粹透過信徒自身漸進的領受（例如我們說：「向吸毒者傳福音是我的『異象』。」），亦可以是上帝具體而直接的介入。新約聖經至少有 7 處記載保羅領受上帝的異象，而這些異象都屬於後者一類，其中的 6 次見於使徒行傳：

倘若今天有弟兄姊妹說他／她看見一個神奇的異象，你會怎樣回應？可否分享你從上帝所領受的異象？

❶ 保羅往大馬士革途中所見的異象（九3～6）；

❷ 保羅在第二次宣教旅程起行不久所看見的馬其頓異象（十六9～10）；

❸ 在哥林多宣教時，主在夢中向保羅顯現，鼓勵他事奉；在某程度上，也向保羅確保他的平安(十八9～10)；

❹ 當保羅在耶路撒冷聖殿禱告的時候，在異象中被主差遣，離開耶路撒冷，遠赴外邦作主的見證(二十二17～21)；

❺ 在耶路撒冷的一個晚上，主指示保羅必會在羅馬作見證(二十三11)；

❻ 在乘船赴羅馬的途中雖遇風險，但保羅卻蒙上帝的天使安慰，並得到全船人必可安全抵達羅馬的保證(二十七23～26)。

另有一次見於保羅書信，保羅在哥林多後書十二章2節中提及他曾被「提到」第三層天的經歷。當然，「異象」並非保羅所獨有，彼得也見過異象(徒十9～16)，其他門徒也有(如亞拿尼亞，徒九10～16)。

有學者認為，保羅的異象經歷可能反映當時某些拉比的屬靈操練；透過嚴格的禁慾操練，操練者的靈魂能升到天界，亦能看到天上的景象，甚至進入上帝的榮耀裏。雖然類似的冥想方法在東方的神祕宗教非常普遍，但這種拉比式操練往往集中默想聖經中的一些異象或有關經文(如西結書中描寫「戰車」的章節，例如第二十六章)。然而我們很難證實保羅真的操練過這種冥想方法，就算有，也只有哥林多後書十二章所提及的三重天的經歷較為接近。至於其他 6 次異象，都不屬於這類；其中大多數明顯地是要表明上帝或主耶穌基督的差遣或安慰。

無論這些異象發生時的形式如何，在某程度上，「異象」往往都是經歷者自身的主觀領受，既不能驗證，亦不能反證，那是上帝與經歷者之間很個人的溝通。也許正因為這點，我們不時稱「個人從上帝所領受的具體化信息」為異象(英文的vision和中文的「異象」均可表達這獨特而形象化的意思)。

他們是初代教會中相當重要的領袖，保羅在他的書信中經常提到他們的名字(參羅十六3；林前十六19；提後四19)。

在這段期間，保羅寫了兩封信予帖撒羅尼迦的教會，鼓勵他們因著盼望耶穌基督再來，更要勉力過聖潔而勤奮的生活。此外，保羅亦遇上了**亞居拉和百基拉**這對愛主的夫婦，他們是在羅馬王克勞第年間(《和合本》譯作「革老丟」；約公元49年)被迫離開羅馬而移居哥林多的猶太基督徒。

他們對保羅予以很大的幫助；自此，這對夫婦就成為保羅傳道的夥伴。在與他們的交往中，保羅對羅馬教會的情況有更深切的了解，並因而加深了他前赴羅馬的負擔。

當保羅離開哥林多的時候，亞居拉和百基拉亦一路隨行至以弗所，並在該地留下來，為保羅日後重訪以弗所鋪路。他們在以弗所期間，剛好遇著那滿有口才恩賜的亞歷山太人亞波羅亦來到此城。這名亞波羅雖然很熟悉聖經（指舊約聖經），亦很熱心教導人，但卻只認識和認同施洗約翰教訓的意義。當百基拉和亞居拉向他詳細講解上帝的道後（十八26），他就更熱心遠赴亞該亞（即哥林多教會所處的一帶地區）傳道，與那裏講求智慧的人展開辯論，根據聖經證明耶穌是基督（十八24～十九1）。因為亞波羅的辯才，他在哥林多必定吸引了一些跟隨者，而這些跟隨者亦促成哥林多教會結黨的情況（林前一12）。

像亞波羅一位已經如此成功的傳道人，能謙卑承認自己對福音的認識並不完全，確實非常罕有。你有否遇過像亞波羅這類人呢？

與亞居拉和百基拉暫別後，保羅隨即乘船去凱撒利亞，先探望耶路撒冷的教會，後再轉回安提阿。

10.3 在以弗所（十八19～十九41）

釋經短註12~14

正如本章開首所言，使徒行傳並沒有清晰地界分傳統所謂的第二次和第三次宣教旅程。按路加的記載，保羅返回安提阿後，「住了一些日子才走」（十八23）。

雖然保羅返回安提阿，但使徒行傳卻沒有記載他向教會的匯報。有些學者認為，保羅與巴拿巴分裂一事已經影響了保羅與安提阿母會的關係。儘管關係是良好的，但已經不如從前了。這次上路是最長的一次（十八22～二十一16；公元53～58年），之後，保羅亦沒有再到過安提阿了。

他先取陸路返回以弗所。其實路加在記述保羅的第二次宣教旅程時，已經為保羅再訪以弗所留下伏線。使徒行傳十八章18至22節記載，保羅離開哥林多，準備坐船回敍利亞去時，在以弗所停留了幾天，在告別時，他說：「如果是上帝的旨意，我會再回到你們這裏來。」（十八21）結果，保羅果真回來，並在這城市住了3年（二十31）之久，成為保羅宣教旅程中，停留日子最長的城市。在很大程度上，以弗所成為了保羅這次宣教旅程的基地，他從這裏逐漸向其周邊的城市推進，如歌羅西和老底嘉等。

在新約時代，以弗所因為其天然的巨型港口和優越的地理位置，已經發展為地中海東部最大的商業城市之一。城中的大劇場，估計可以容納24,000名觀眾，此外，還有豪華的浴室、寺廟、噴泉、室內體操場、一個露天體育場、以及一個大型的圖書館。以弗所城的聲望，不僅在於它具有貿易和政治上的價值，更重要的原因是，女神亞底米（Artemis）的主神廟就建在以弗所。在新約時期，以弗所的居民對羅馬皇帝的崇拜亦顯得相當熱衷和投入。隨著保羅傳道的足跡來到以弗所，這個城市逐漸成為亞細亞省教會的中心。

保羅的傳道生活

按保羅一貫的做法，他傳道首先的落腳點是猶太人會堂。

路加提到保羅重返以弗所遇到的第一批人可能是施洗約翰的門徒（十九1～3）。路加既稱這些人是「門徒」，他們大概也是基督徒，只是他們對整個基督信仰的認識相當膚淺，只專注於施洗約翰的教訓（例如他那預備人心的「悔改的洗」）。他們理應知道耶穌這人，也相信他就是彌賽亞，但可能不知道耶穌的死和復活，更不明白聖靈的工作。這些門徒大概是從前亞波羅偏差的後遺症（十八25；參10.2「在哥林多」的討論）。結果，經過保羅的矯正，這些門徒立即奉主耶穌的名領受洗禮，透過保羅的按手，聖靈亦降臨在他們身上（十九4～5）。

保羅不但帶領人信主，也矯正並教導信徒對真理的認識，可見他對信仰的理解十分清晰。你有信心能分辨哪些是真理嗎？

保羅在猶太人當中的工作沒有甚麼成效，這可謂是意料之內的事，於是他便轉到外邦人當中。保羅花了兩年時間，積極參與以弗所「推喇奴講堂」(Hall of Tyrannus) 的教導工作。路加記載保羅非常專注地在這裏傳道：

> ……天天在推喇奴講堂進行討論。這樣的工作繼續了兩年，因此所有住在亞細亞省的人，無論猶太人或外邦人，都聽見主的道。（十九1～10）

這種毅力與貢獻確實殊不簡單！在這期間，保羅用過的衣物甚至也可以發揮治病趕鬼的功效（十九11～12），路加如此塑造保羅傳奇的形象，明顯是要突出保羅與彼得的相似之處（參五12～16；另參本書第一章對「主題和結構」的討論部分）。

接著，路加幽默地記載了一件與保羅的神奇力量形成強烈對比的事。有些猶太人企圖奉保羅所傳的耶穌的名來趕鬼，結果反招來鬼魔附身。路加詳細地記載整個過程，是要突出這些猶太人的愚昧。古代的人常認為，憑藉某神明的名字就可以驅使那位神明做一些事情。他們似乎並不留意，改變人的能力是來自上帝本身，不是念咒語般吟誦祂的名字就可以成事。這些愚昧的猶太人成為了其他以弗所人的鑒戒，而人的生命徹底地改變過來，特別是那些之前

這些平素行邪術的人信主後，當眾焚燒他們的書籍，證明他們要完全脫離舊的生命。你信主的時候，又如何脫離舊的生命呢？

與牛鬼蛇神有密切交往的人。因此，路加也特別提到那些平素行邪術的人，他們把自己所讀的書籍當眾焚燒了（十九19；參申十八10～14）。

路加對保羅在以弗所成功地作工的描述（十九10「所有住在亞細亞省的人，無論猶太人或外邦人，都聽見主的道」），多少帶有誇張的修辭手法，但這樣說並不會貶損保羅在以弗所一帶工作的果效。無論如何，從路加的記述裏，我們清楚看見保羅在以弗所不單是作傳道和教導的工作而已，基本上，那是一場屬靈的爭戰；上帝藉著保羅所行的神蹟，見證了福音的能力。

保羅大概也自覺在這裏的工作快將結束，於是立定心志返回耶路撒冷，然後到羅馬去。在使徒行傳餘下的部分中，返回耶路撒冷和遠赴羅馬，成為了保羅人生的兩大目標（參二十22，二十一13，二十五8～12，二十八14）。

以弗所的騷亂

嚴格來說，以弗所的亞底米神是來自東方的，這有別於希臘的亞底米（等同於羅馬女神「戴安娜」）。

女神亞底米是主司生殖與養育之神，人們通常用一個有許多乳房的形象來表達其屬性。她的寺廟（亞底米神廟）矗立在以弗所城中央，被公認為世界七大奇觀之一，該寺廟也因此成為朝聖的中心。

● 女神亞底米

當地的銀匠亦將亞底米女神的形象及其寺廟的外形

製成銀器出售。

保羅向當地的外邦人傳福音的工作非常成功，就連很多曾積極參與亞底米女神敬拜的人都歸信了基督。這無疑大大影響了那些靠製造和出售亞底米銀器而圖利的銀匠和商人。眼見財路將要斷絕，銀匠底米特就號召同業們起來，周行全城，一路喊著說：「以弗所人的亞底米女神多麼偉大啊！」(十九28)以弗所全城一片混亂，保羅及其同工的生命陷入危險之中。類似的事情也曾發生在腓立比(十六16～21)。

保羅非常認識希羅文化，加上在以弗所住了那麼久，必深明這亞底米宗教的影響力，不會公然攻擊這神明。因此，滋事者只是想利用民眾的宗教狂熱，把保羅趕走。羅馬政府對於類似這次發生在以弗所城的動亂向來都非常關注，當地的官長亦有責任維持和平與治安；假如他們控制不了城中的百姓，羅馬政府會將他們革職，而整個城可能會實行軍法統治，當地的居民會從此失去他們的公民權。有見及此，城裏的書記官竭力安撫民眾，並申明保羅等人並沒有任何盜廟或褻瀆女神的舉動。他這樣說，並非真的要維護保羅，只是為了緩和局勢，謀求自保而已。

保羅的書信

保羅的工作，奠定了亞細亞教會的基礎。保羅不單止馬不停蹄到處宣講，還在這期間，寫了幾封主要的書信，包括哥林多前後書和羅馬書。此外，大部分學者都相信加拉太書也是在這段期間寫成的，不過寫信的確實時間、地點和收信人則沒有定論。

保羅在以弗所期間，來自哥林多的人帶來了哥林多教會發生爭端的消息(林前一10～13)。這個消息導致保羅與哥林多教會之間有一連串的信件往來，甚至使保羅在宣教行程上也作出了一些調動安排。使徒行傳沒有詳述當中的經過，我們必須透過保羅的其他書信來重構這段歷史。詳細的討論，可參《使徒行傳和保羅書信要領》。簡單來說，保羅共寫了4封書信給哥林多教會，其中只有第二和第四封存留下來，即哥林多前書和後書。寫了哥林多前書之後，保羅曾探訪哥林多教會，但卻受到部分會眾嚴重的攻擊(林後二5～11，七12)。保羅最後一次探訪哥林多是在寫哥林多後書之後，亦是第三次的到訪(第一次可見於徒十八1～18；第二次則於林後二5～11)，逗留了3個月之久(徒二十2～3)。

在這期間(冬天時分；公元55～56年間)，哥林多教會的問題大致上已圓滿解決，保羅可以有一段較平靜的時間，於是，就在那裏寫成了給羅馬眾教會的羅馬書，對福音真理作出了系統而整全的闡釋。保羅似乎早已結識了不少羅馬朋友(羅十六章)，且早已有意訪問該城(羅一9～15)，但他卻計劃在外邦教會的捐獻送抵耶路撒冷教會後，才在前往西班牙的途中訪問羅馬(羅十五23～26)。

10.4 返耶路撒冷途中(二十1～二十一16)

釋經短註15~19

保羅在返耶路撒冷的途中，主要都是探望一些教會，較有趣的記載是保羅在特羅亞教會一個星期六晚上(參釋經短註15)的講道。路加似乎對保羅講道的內容並不太感興趣，卻對坐在窗台聽道的一個少年人猶推古——希臘文名字，意即「好運」——加以特寫。猶推古可能因保羅講道太長而昏昏入睡了，結果從3層樓上掉下來跌死，但保羅卻使他復活過來。就如彼得曾使多加復活一樣(九36～42)，保羅使猶推古復活，同樣表明他也有主耶穌那種叫死人復活的能力(路七11～17，八41～42、49～56)。除這事蹟外，這一節所涉及的內容主要集中記載保羅返耶城那種迫不得已的情景。

你若是保羅，你會對這名獲救的年青人說甚麼呢？你會否斥責他？

在返回耶路撒冷的整個路程中，路加的敘述處處暗帶一種危險和急趕的氣氛，先發現猶太人的埋伏(二十3)，而保羅也顯得非常匆試想像你若在當時與保羅同行，一同面對如此緊湊的行程，你能想像他的心情嗎？

忙。事實上，在離開以弗所之後的日子，行程的記錄相當緊湊，一天接一天的，「次日」又「次日」(二十7、15)，儘管最後返回靠近以弗所的米利都，保羅明明想與以弗所教會道別(二十17)，但也忍著不在以弗所停留，免得耽擱時日，「他急著要趕到耶路撒冷，希望儘可能在五旬節前抵達」(二十16)。我們不期然會問：為何要這麼匆忙趕回耶路撒冷呢？有一些客觀因素可解釋保羅的心情。

在這個時候，保羅已經錯過了耶路撒冷的逾越節，因此，不想再錯過五旬節這個大節日(五旬節與逾越節相隔50天)。此外，按保羅的書信所提供的資料(羅十五25～26；林前十六1～4；林後八9～11)，這時候的耶路撒冷可能有饑荒，於是，保羅把握時機，從馬其頓等地方的外邦教會籌集捐款，救濟耶路撒冷的猶太居民，表達外邦教會回饋猶太教會的心意。

對保羅來說，透過捐獻接濟母會當中的窮人，表示關心(羅十五26～27；另參林後八～九章)，就表徵著馬其頓和亞細亞一帶的基督徒與耶路撒冷母會合一的關係；因此，保羅希望盡快把捐款帶回耶城。不過，有一點是不可忽略的，就是路加描繪的那種危險的氣氛。這氣氛無疑將保羅那種勇於面對耶城猶太人指控的心情，與主耶穌上耶路撒冷面對十字架的心情對應起來。

不過，早期教會的一些流行小說卻描述保羅真的為福音的緣故，被解往競技場與獅子搏鬥，但獅子卻沒有傷害保羅，因為牠認得保羅曾經為牠施洗！

雖說保羅在以弗所的工作非常成功，在寫給哥林多教會的書信中，他也謂以弗所福音的「門大開，有很好的工作機會」(林前十六8～9)，但他在此城亦曾遇到不少棘手的狀況。保羅特別提及不少「反對的人」(林前十六9)，並描述他在以弗所的境遇：「時時刻刻冒險」，甚至「在以弗所跟那些**野獸格鬥**」(林前十五30～32)；後者一句，我們大概不能按字面理解，那是指某種阻撓他福音事工的勢力。

最能表達保羅在以弗所3年事奉的那種複雜心情的，是他在米利都（以弗所南約50公里）向一羣以弗所教會的長老所説的話（二十18～35），這亦是使徒行傳所載惟一一篇保羅對基督徒説的話。這番坦率真摯的臨別贈言固然反映保羅那種率直的性格，但亦流露了他在那3年來服事上的辛酸。

在你的事奉生命中，你曾否試過迫不得已地要放下某項事奉？面對那種捨不得的感覺，你最終如何處理？

整個分享都表達出保羅那種無奈、迫不得已要離開的心情。表面看來，保羅的話有點誇張（二十31），甚至有點自恃，但試問有誰可以完全沒有虧欠地説：「如果你們當中有人沉淪，罪不在我」（二十26）？——退一步説，就算有人沉淪，難道保羅又可以承擔得起嗎？當我們投入字裏行間背後的感情，自然就觸摸到他心中那份無奈的感受。此刻的保羅就如一位辛勤工作又忠心的宣教士，因母會誤會他而撤消他的宣教職份。在被迫離開事奉多年的工場時，他難免向會眾流露幾許無奈的感觸。他明知教會裏有很多問題，在他離去後，亦將會有更多的問題出現（二十29～30），但他認為可以做的，都已經做了。保羅的臨別贈言，使人想起先知撒母耳在以色列人面前的自白（參撒上十二章）。

這種迫不得已要離開的心情是整篇講詞的主調（二十17～24）。此外，保羅又交代了自己在金錢上的清白（二十32～35）。他深明接受別人資助的好處和壞處，而他則選擇了自食其力；這並非表示他與其他教會的關係不好，只是他不想予人任何攻擊的口實。

倘若你知道保羅回耶路撒冷後的結局，而你又有機會出席保羅在米利都的惜別會，你會如何勸説保羅呢？

在路加的筆下，愈接近耶路撒冷，保羅的危險就愈趨明顯，而路加的描述亦愈仔細；留意自二十一章1節開始至保羅抵達耶路撒冷（二十一17），路加確實是一天一天地記載，為要帶出那種危急關頭的緊張氣氛。

無論是主耶穌還是保羅，他們都可謂是「明知山有虎，偏向虎山行」。自保羅與以弗所眾長老道別後，這種危險的情況在他所遇到的不同羣體中處處表露出來(二十一4、10～14)。最清楚不過的，是一名猶太先知亞迦布拿起保羅的腰帶，把自己的手腳綁了起來，說：「聖靈這麼說：這腰帶的主人會在耶路撒冷受猶太人這樣的捆綁，然後被交給外邦人。」(二十一11)就連路加，也要勸阻保羅上耶路撒冷去(二十一12)，只是無法說服他，於是就只好說：「願主的旨意成就。」(二十一14)這番話不也就是耶穌在客西馬尼園禱告的話嗎？「父親哪，若是你願意，就把這苦杯移去；然而，不要照我的意思，而是要成全你的旨意。」(路二十二42；另參約十二27)

釋經短註

1. 十六13：一般來說，只需10個猶太裔成年男人，一間會堂就可以正式成立。如果人數不足夠或根本沒有適合興建會堂的地方，他們可先組成「禱告的地方」。為方便猶太人施行潔淨禮，一般「禱告的地方」都在河邊。

2. 十六14～15：推雅推喇城位於亞細亞省的「呂底亞」區，距離腓立比城相當遠的路程。一直以來，推雅推喇城都以染布(特別是紫色的布料)馳名海外。這婦人的名字剛好與她的家鄉相同。經文既沒有提及她的丈夫，她可能是個單身女子。

3. 十六29～34：除非我們假設保羅或某些信徒之前曾經向這名獄卒傳福音，不然，我們就必須留意路加幽默的手法：這獄卒為承擔失職的嚴重後果，就企圖自盡，但保羅阻止他，獄卒隨即問：「我該做甚麼才能得救呢？」這話的意思可能是指，事情發生到這樣，可以怎樣處理呢？但保羅卻藉此機會向他和他的家人傳福音。

4. 十六40：留意「『我們』段落」(始於十六10；另參十六11、16)在腓立比停了(至十六40為止)，直至二十章5至6節路加一干人等在特羅亞與保羅等人會合後才繼續；倘若這些「『我們』段落」暗示了路加親身在場，那麼，當保羅離開腓立比時，路加可能一直留在腓立比，展開一些牧會的工作。

5. 十七2：保羅與猶太人的辯論，相信主要是對聖經——指舊約聖經——的解釋和提問；保羅嘗試從舊約聖經向猶太人證明耶穌的身分。

6. 十七4：文中的「希臘人」並非狹指希臘裔或希臘國籍的人，而是泛指「希臘化」的人，即相當於外邦人(參十七17)。

7. 十七18：斯多亞學派的人(Stoic)相信一種泛神論和「命運」的哲學，提倡抑制個人欲望，一切順天而行，接受人生一切苦樂的際遇。而伊壁鳩魯學派的人(Epicureans)則截然相反，他們提倡在追求智慧的基礎上，應當盡情享樂，他們強調的是理智上的快樂，過於感官上的滿足；儘管他們不否定神明的存在，卻認為神明對人間的事全無興趣，所以在實際上，他們是無神論者。這兩派哲學在當時全羅馬帝國中有許多信奉者。

8. 十八3：《現修》(「……因為保羅一向靠製造帳棚維持生活」)似乎暗示保羅一直以來都以這種職業過活，但原文並沒有這種意思；《和合本》在這節的翻譯較好。此外，按十八章5節，當西拉和提摩太與保羅會合後，「保羅就用全部的時間傳講信息」，可見保羅也會完全拋開工作，投入傳道。不過，按哥林多前書四章12節的自白，可見保羅不時強調自己自力更生的勞苦，這似乎意味保羅在哥林多的日子也會因應情況的需要而一邊工作、一邊傳道。

9. 十八8：十八章17節提及管會堂的是「所提尼」，但這裏卻是「基利司布」。有可能發生的是：基利司布因歸信了主而被撤去主管的職位，由所提尼接任；然而，這位所提尼隨後亦信了主(參林前一1)。大概因為這緣故，他亦遭當地極端的猶太人迫害。

10. 十八12～17：總督迦流認為保羅和猶太人之間的爭執是猶太人的內部事務；在使徒行傳中，類似的判決結果一直都是羅馬官長的立場(二十五18～20；另參二十四13～15，二十六2～3)。這一點再次指出，在路加眼中(至少就使徒行傳而言)，保羅是無辜的，而由始至終要把保羅置於死地的，其實都是猶太人，而不是羅馬政府。

11. 十八18：經文沒有交代保羅許願(《現修》用字)的內容，但清楚指出他是因還願而把頭髮剪掉的；所許的願大概不是作拿細耳人(《現修》譯作「離俗人」)，因為按民數記六章1至21節，這願應該在會幕或聖殿才能還願。這插曲可能是要說明，雖然保羅長期在外邦人當中工作，但他個人仍然依循猶太人的習俗(參二十一20～26，二十四14～16)。

12. 十八24：亞歷山太城有一個非常大型的圖書館，一直以來，該城的學術氣氛都十分濃厚，對演說的訓練更是首屈一指。另外，自公元前3世紀，亞歷山太城裏的猶太人人口密度相當高。這種種客觀環境的組合，使亞波羅在解釋(舊約)聖經上有較出色的表現。

13. 十九9～10：有關保羅「天天」在推喇奴講堂進行討論，有些載錄新約聖經的抄本在此補充，保羅從早上11時至下午4時與他們辯論，參《現修》的註腳。此外，雖然保羅在這推喇奴講堂花了很長時間，但奇怪的是，在我們現有的古籍文獻裏，從未有關於這個講堂的記載，所以這講堂可能只是一個細小的哲學交流組織。

14. 十九19：一個銀幣約相等於一個工人一日的工資，因此，5萬銀幣是相當大的金額。

15. 二十7：原文直譯為「安息日的第一日」，一般來說，這是指「星期日」(參路二十四1)；然而，猶太人的一天是從日落後開始的，因此，這裏的晚上可能是指「星期六的晚上」(參《現修》)。另一個可能性是：雖然路加借用猶太人的表達方式(以安息日為計算單位)，但卻按一般羅馬人的看法，以日出來計算一天的開始；據此，這裏則指「星期日的晚上」。

16. 二十7～8：留意經文特別記載當時的房間有「許多燈火」，路加這樣描繪，可能對那昏昏入睡的少年人帶有點責怪或諷刺的意思。

17. 二十13～16：保羅似乎是獨自一人從陸路由特羅亞到亞朔，然後在亞朔再與路加等人會合。路加沒有解釋其中原因，可能是因為保羅想獨自一人安靜一段日子；亦可能是因為從特羅亞到亞朔所經過的海峽經常會翻起很大的風浪。

18. 二十35：「施比受更為有福」這番話未見於四福音書裏。

19. 二十一4：文中強調泰爾的信徒「得到聖靈的指示，勸保羅不要上耶路撒冷去」，但保羅卻又深深感受聖靈要他上耶城去(二十22～23)。要協調二者並不容易；我們只能說，路加指那些泰爾信徒很誠心地作出這個勸阻，認為這勸阻是出於聖靈。實際的情況可能是，聖靈只是告訴這些信徒，保羅在耶路撒冷將會危機四伏，但他們因為愛保羅的緣故，便自然地解釋為他不應上耶路撒冷去。聖靈的聲音攙雜了個人的聲音，這種情況比比皆是，怪不得保羅提醒信徒，聆聽先知的宣講時必須小心辨察(林前十四29；另參帖前五21)。

溫習問題

1. 試指出使徒行傳中幾段「我們」段落。作者藉「我們」來顯示甚麼(參釋經短註4)?
2. 保羅在愛琴海一帶地區的宣教工作，對基督教的發展有何深遠的意義?
3. 聖靈用甚麼方法帶領保羅進入馬其頓境內?保羅如何回應聖靈的帶領(參十六6～10)?
4. 保羅在腓立比宣教時因何入獄?在獄中又遇見何事(參十六16～34)?
5. 試述保羅、亞居拉夫婦和亞波羅之間的關係，他們各人與哥林多教會又有何關聯(參十八1～4、18、19、26)?
6. 在這次行程中，保羅得了兩個異象，試描述異象的內容並它們對保羅的事奉的影響(十六6～10，十八9～11)。
7. 保羅與施洗約翰的門徒的相遇，如何讓我們多認識初代教會的狀況(參十九1～7)?
8. 從保羅對以弗所教會長老所説的臨別的話中，嘗試描述保羅在當中事奉的辛酸和甘甜，並他對教會的情分(參二十17～35)。
9. 保羅為甚麼要趕急返回耶城(參羅十五25～26;林前十六1～4;林後八9～11)?
10. 其他的人對保羅返回耶城的決心有何反應(參二十一1～26)?保羅對他們的關心又有何回應(二十一5、13)?

第十一章

從耶路撒冷到羅馬

（二十一17至二十八31）

- 保羅在耶路撒冷
  - 保羅在耶路撒冷的辯護
- 保羅在凱撒利亞
  - 在腓力斯和非斯都面前的申訴
  - 在亞基帕王和貝妮絲面前的申訴
- 保羅在羅馬：使徒行傳之結

從耶路撒冷到羅馬的這段旅程，可謂是保羅事奉生命的最後一程。儘管保羅可能還到過其他地方，但書中並沒有特別提及。不過無論如何，路加在這裏確實要記載保羅人生最後一程的事奉路途。

任何閱讀過保羅這最後之旅的人都會同意，這個旅程是不必要的，歷史不一定要這樣發展，保羅亦不一定要死在羅馬，他確實有很多機會避過此劫。就讓那些猶太人攻擊吧！保羅依然可以傳他的福音，建立上帝的教會，擴展上帝的國度。然而，他卻選擇了這條路，就如我們的主耶穌基督選上十字架的路一樣。

11.1 保羅在耶路撒冷(二十一17～二十三10)

● *釋經短註1~9*

約於公元57年，保羅最終抵達耶路撒冷；路加一直陪伴著保羅(二十5～二十一25)，而根據往後的記述，路加可能一直陪同保羅到羅馬(參二十七1～二十八16中的「我們」段落)。

保羅一心把來自外邦教會的捐款交付耶城教會的貧窮人。耶路撒冷教會的領袖(包括使徒們和耶穌的兄弟雅各)，固然歡喜見到保羅，亦為他在過去多年的經歷和傳道成果感謝上帝。但另一方面，五旬節將近，在大節期中猶太人的民族主義和反外情緒特別高漲，所以他們亦為保羅此次來訪而惴惴不安。他們聽到很多對保羅不利的消息，如保羅教訓一切在外邦的猶太人離棄摩西律法，告訴他們不要給孩子行割禮等等。這些領袖更不知道當地那些仍然嚴守律法的猶太裔基督徒會怎樣對待保羅，只知道他們人多勢眾。於是，他們敦促保羅，要使猶太人相信他並沒有鼓勵猶太人離棄摩西的傳統。為了闢謠，保羅特別偕同幾位猶太人進行了一個猶太人的潔淨禮和獻祭儀式(二十一20～24；另參二十四18)。

保羅就像一位宣教士一般回到耶城教會，一方面接濟信徒在經濟上的需要，另方面述職，但換來的卻是諸般的攻擊。若你是其中的一位教會領袖，你會怎樣幫助保羅脫險呢？

保羅行潔淨禮的舉動可能已使耶城的猶太基督徒感到滿意，然而，一直監視保羅的人，原來不只是耶城的猶太人領袖，還有來自亞細亞一帶、一直跟蹤著保羅的猶太人。他們一見保羅與一名外邦信徒(名叫特羅非摩，參二十一29)在聖殿附近走過，就以為保羅竟膽敢帶外邦人進入聖殿，於是便煽動羣眾，抓住保羅，一場騷亂亦隨即爆發；情勢非常危急，而保羅差點兒就死在這場暴亂中(二十一27～31)。由於騷亂爆發得很突然，指揮官連同軍隊和幾個軍官一同趕到，情況才算穩定下來。在場的眾人呼喊：「殺掉他！」令人回憶起在差不多30年前的逾越節，這城的人也是這樣向我們的主耶穌喊叫。

在這場騷亂中，保羅雖得到羅馬士兵的營救，但同時亦被他們囚禁；自此，這鎖鍊就一直陪伴著保羅，直至他終老。羅馬人實在被搞糊塗了，他們弄錯了保羅的身分，以為他是那個曾經帶領4,000人暴亂(發生於公元52～59年)、仍然在逃的埃及人(二十一37～38)。在澄清後，保羅獲得向暴動羣眾申訴的機會。

保羅個人的辯護反而引起羣眾的不滿。若你的同工遭遇類似的事，你會如何反應？會否起來為他爭辯？

保羅這次的申訴不太成功，反而更激起了羣眾的情緒。那些暴亂的羣眾叫嚷著，要將保羅哄下臺去，保羅隨後被帶至營房(二十二24；另參二十一34)，即安東尼亞堡(Antonia fortress；參釋經短註5)。軍長以為保羅是滋事分子，又是猶太人，於是便想在他身上發洩一番，或希望可以屈打成招，免得費勁盤問。然而，保羅的「羅馬公民籍」又救了他，免了這次皮肉之苦。翌日，保羅被帶到猶太議會受審，他大概知道這次盤問對他非常不利，於是審問一開始，他就故意表明自己相信「死人復活」，隨即導致其反對者彼此之間的一場爭論。審訊尚未展開，卻因場面陷於混亂，保羅再次回到安東尼亞堡。

保羅在耶路撒冷的辯護

●釋經短註7~9

你若是當時的保羅，你會如何向羣眾自辯呢？你會否特別提及向外邦人傳福音這點呢？

保羅在耶路撒冷停留的短短日子裏所遇到的衝擊，是他一生難忘的經歷。在兩日之內，保羅先後向鼓噪的羣眾和猶太議會申辯。

第一次申述的對象是一羣情緒高漲的羣眾(二十二1～21)。保羅以「希伯來話」(可能是指「亞蘭語」)來演說，以表示友好，亦表示他尊重猶太人的文化和當地居民的用語。他先介紹自己的出身、他以前在猶太教羣體中的身分，以及他從前如何恨惡基督徒。最後他憶述在大馬士革路上的遭遇，道出主耶穌如何呼召他成為一位基督徒，並有亞拿尼亞作為這事的見證人，其中他更特別提到主耶穌給自己的使命：**「你要為他作見證，把你所看見所聽到的告訴萬民。」**(二十二15)為要強調自己的使命是出於上帝，保羅稱自己在「異象」中聽見主的差使，但當他一提到要「到外邦人那裏去」時，羣眾又激動起來了。明顯地，保羅的申述尚未完結，就已被打斷了。

你若是當時的保羅，你又會如何向這羣猶太教領袖自辯呢？你會承認自己是法利賽人嗎？

那麼，是保羅用詞不當嗎？是他在這個敏感的時刻說出一些不恰當的字眼嗎？有可能！但更有可能的是：路加要指出，保羅的得救見證就是死守律法的猶太人的絆腳石，就如昔日我們的主耶穌基督所傳的福音，也成為當時猶太教領袖的絆腳石一樣！(參釋經短註8)

倘若我們強要說保羅在第一次公開申訴時用詞不當，那麼，他第二回在猶太人議會的申訴(二十二30～二十三10)，就顯然處處表達了他的機智了。由於知道在場的猶太教領袖各屬不同黨派，保羅就藉著挑起他們之間的紛爭而脫險了。留意在這次申訴中，路加並沒有記載保羅的自白，卻將描述的焦點放在議會中羣體的動力、祭司的霸道、黨派的不和等各方面，最重要的是，連議會中的成員也要判保羅無罪(二十三9)。

保羅一開始就申明自己在上帝面前是清白無虧的。但這話又惹來領袖的不滿，結果，大祭司吩咐侍從打保羅的嘴巴，亦把他的申訴打斷了；保羅當然心心不憤，斥責此人不公正——殊不知他原來是大祭司！於是保羅只好引用出埃及記二十二章28節的話：「不可毀謗治理人民的長官」來為自己解圍。保羅的意思是：「聖經清楚教導我們要尊敬我們中間的長官，因此，倘若我知道他是長官，我斷不會這樣做的。」不過，保羅對他的預言——「上帝要擊打你」——卻在不久以後應驗了。一年之後，亞拿尼亞被革去大祭司的職責；幾年後，猶太人背叛羅馬，他被猶太刺客黨殺死。

文中特別記載「保羅看出這一羣人當中有些是撒都該黨的人，另有些是法利賽派的人」(二十三6)這番話，似乎暗示保羅因為知道形勢對他非常不利，所以惟有借用這一點來脫險。他聲稱自己「是」一個法利賽人，且因為「盼望死人復活」而受審。這番話隨即造成很大的紛爭，法利賽人和撒都該人就此問題發生了爭執，結果，保羅得到很多法利賽人的支持。最後，羅馬軍官惟有將保羅帶走，送回安東尼亞堡。

有關法利賽人和撒都該人在神學立場上的不同，以及兩者在猶太人議會裏的權力鬥爭，可參《聖經鳥瞰——基礎篇》第五章的「新約時期的猶太教」。

法利賽人最後的一番話很重要：「我們找不出這個人有任何錯處！」(二十三9)這可證明，要打擊保羅的並非猶太議會中的法利賽人；同樣，當保羅說：「我是法利賽人」——而不是「我以前是法利賽人」——時，可表明作為法利賽人與作為基督徒二者其實互不排斥，對於保羅而言，基督信仰才真正應驗了猶太人的應許。

11.2 保羅在凱撒利亞(二十三11～二十六32)

釋經短註10~16

保羅返回耶路撒冷可能只有幾天(參二十四11)，但當中所受到的攻擊和苦頭不少，保羅可算是心力交瘁。在這裏，路加記載主在異象中安慰保羅：「你要有勇氣！你已經在耶路撒冷為我作了見證，你同樣必須在羅馬作見證。」(二十三11)這番話不單保證保羅必會成功地和安全地到達羅馬，亦指明這是主的差遣，他必須到羅馬去。這個異象確實如船錨般鎖定了使徒行傳往後的方向：儘管多麼危險，又儘管有別的選擇，保羅還是要到羅馬去。

有人竟為了殺保羅而禁食，你有沒有想過「憎恨」與「嫉妒」可如何蠶食一個人的生命？

保羅即時的危險是面臨40個猶太人的謀害；這些人發下毒誓，若不殺死保羅就不停止禁食(二十三12～22)。幸好因保羅的外甥通報，陰謀才敗露了。為安全起見，470個士兵保護著保羅離開耶路撒冷。到了凱撒利亞，保羅被交給總督腓力斯監管(二十三23～35)，有由千夫長克勞第呂西亞所寫的公函，特別指明保羅並沒有該死的罪名(二十三29)。腓力斯是第一個聆聽他案件的人(二十四1～23)。猶太人邀請了一名律師(名叫帖土羅)在腓力斯面前指控保羅，而保羅則自己答辯。

在腓力斯和非斯都面前的申訴

● *釋經短註12~14*

帖土羅那種恭維的態度和精簡的控詞在當時是很普遍的(二十四2～8；另參二十四10)，不過他稱讚腓力斯的「德政」和「長期的太平」卻是天大的笑話。事實上，腓力斯貪污已是人所共知的事實(參二十四26)，而在他任內所發生的暴亂更是其他時期少有的。帖土羅厚顏無恥的奉承與保羅那種恭敬卻不諂媚的態度，是一個鮮明的對比。

帖土羅的指控主要是指保羅擾亂當時和諧的宗教生活，特別是褻瀆聖殿(二十四6；另參二十五8)。由於羅馬帝國的版圖非常廣大，所以政府對各族間的和諧生活(拉丁文稱之為*Pax Romana*)非常重視。帖土羅以這點來指控保羅，當然是很狡猾的，但腓力斯亦知道這控罪經常被濫用。保羅在自辯中則指出他們的指控根本毫無證據，他在耶城短短12天的日子，從未公開與人爭辯；至於那些從亞細亞省來到、原想控告他的猶太人，如今亦早已不見了。此外，保羅亦提及這次上耶城主要是把捐款帶給當地的同胞，同時要在聖殿獻祭。帖土羅又特別指控保羅是「拿撒勒教派的一個頭目」，然而，保羅卻理直氣壯地回答：

> ……我是根據他們所認為異端的那道路來敬拜我們祖先的上帝的。我也相信在摩西的法律和先知書上所記載的一切。我對上帝存著跟他們相同的盼望，就是盼望所有的人，無論善惡，都要從死裏復活。因此，我常常勉勵自己，在上帝和人面前，常保持著清白的良心。(二十四14～16)

保羅確實膽色過人，居然在這個情況之下依然能表明自己信仰的立場，你有否這方面的經驗呢？

保羅在結束時也特別提及，他之所以受審，全是因為他相信「死人復活的道理」(二十四21)。保羅所要強調的，與他在猶太人議會中所說的一樣。

腓力斯似乎就在信主的邊緣，只是最後他依然被自己的罪所攔阻；你若有機會向他再傳福音，你會向他說甚麼呢？

腓力斯似乎認同之前指揮官的結論(二十三29)，但又感覺到猶太人非常執著於這事，於是便暫時擱置這事。腓力斯對保羅很寬鬆，縱使指派軍官看守他，仍讓他有某程度上的自由，並准許親友來探訪和供應他日常的需要(二十四23)。腓力斯和妻子土西拉更不時聽保羅講論基督信仰(參釋經短註13)，表面上，腓力斯可能對基督信仰很有興趣，但他過往的罪行和貪念始終攔阻他歸信基督。此外，他足足「軟禁」了保羅兩年，直至他離任，仍沒有釋放保羅；對保羅所傳的福音，他沒有感激之意，反而一面希望收到保羅的賄款，一面又想「討好猶太人」(二十四26～27)。腓力斯始終沒有處理保羅的案件，只是不斷拖延而已。

之後，波求·非斯都接替腓力斯，出任凱撒利亞總督(二十四27)。猶太人想藉著這新人上任，混水摸魚，要求把保羅送去耶城受審，陰謀在途中殺害他，又或要求將他提早定罪(二十五15)。雖然非斯都知道不應向猶太人妥協，也認為保羅沒有犯甚麼大罪，這只是一些宗教上的爭議(二十五18～19)，但為討好猶太人，他依然建議保羅赴耶城受審。

保羅上訴時，羅馬凱撒是尼祿(統治期為公元54～68年)，當時尼祿執政不久，有賢臣輔助，尚算英明，不過後來他變成了暴君，那是保羅始料不及的。

保羅在開審時再次**堅持自己是無罪的**(二十五8)，故不願意落在猶太人手中，他堅持上訴羅馬皇帝，要求討回清白。保羅既是羅馬公民，非斯都對他的申訴亦有點無可奈可，說：「既然你向皇帝上訴，你就到皇帝那裏去。」(二十五12)

在亞基帕王和貝妮絲面前的申訴 • 釋經短註15~16

説是這樣，其實非斯都還是不太明白整件案件的嚴重性；簡單來説，他之所以讓保羅向皇帝上訴，是因為保羅——以羅馬公民的身分——的堅持，而不是因為案件的嚴重性（二十五18）。因此，保羅去羅馬之前，非斯都還想多聽一些人的意見。亞基帕王和他妹妹貝妮絲就是當時由羅馬皇帝尼祿王所特派（尼祿王和亞基帕王兩人是好友）、專門負責猶太人事務的猶太人的王，適逢他們來訪凱撒利亞，自然成為非斯都諮詢的對象。嚴格來説，這次並不算是審判，只是非正式的諮詢會。按路加的記載，非斯都只是想弄清楚保羅的案件，好使他上奏這事於凱撒時，能有清晰的交代（二十五26～27）。

這是保羅在使徒行傳中最後一次的申訴（二十六1～32），在路加的筆下，這彷佛也是他一生中最後一次的自辯。內容基本上綜合了之前兩次的申辯（二十二1～21，二十四10～21）。

保羅以很恭維的話開始（二十六2～3；另參二十四1～4、10），然後講到自己的成長背景，並強調他所持的信念其實是承接整個以色列民族的，是以色列列祖列宗長久所盼望的應許：

> 現在我站在這裏受審，是因為我對上帝向我們祖先所應許的存著盼望。這應許是我們十二個支族的全體同胞日夜敬拜上帝盼望得著的。王啊，正是為了這個盼望，我才被猶太人控告！（二十六6～7）

保羅對猶太人不相信上帝使死人復活所發出的歎息，其實是對猶太人的反控；保羅並沒有違背猶太人的傳統，相反，違背上帝的其實是猶太人自己。

在這申訴中，保羅亦分享了他個人的得救見證。他道出自己信主前逼迫基督徒的行徑；與二十二章4至5節相比，保羅這次的用詞比較誇張(二十六9～11)。其中必定要説的，當然是在大馬士革路上蒙召的經歷。這是使徒行傳第三次記述這事件，仔細比較，讀者可發現這次複述的重點顯然放在主所差使的命令上(二十六12～18)，而其中的細節都是之前兩次的記載(九3～19，二十二6～16)所沒有的。這反映保羅——就如我們每一個人一樣——在不同場合述説得救或委身奉獻的經歷時，會強調不同重點，並且不時以日後的經歷來印證之前的認定，或對昔日原先可能是有點模糊的呼召加以演繹。

當你分享你的得救見證時，你會如何因應不同的處境(例如不同的人或不同的場合)而有不同的重點呢？

保羅所強調的是，他今天的光景，純粹是因為他遵行昔日在大馬士革路上、從天上而來的異象，而他所傳講的都是合乎眾先知和摩西所教導的(即舊約聖經)，這道理就是：「基督必須受害，並且首先從死裏復活，向猶太人和外邦人宣布拯救的亮光已經臨到。」(二十六23)

我們不明白非斯都為甚麼説保羅變得「神經失常」(二十六24)。那是指他的信仰？他的推理？還是指他的行徑？然而，保羅強調的這一切都是公開的事實，特別是耶穌的事；耶穌的事情是可以考證的。耶穌的教訓和事蹟，有很多人可以共證。保羅巧妙地把這次申訴變成一個佈道會，並向非斯都和亞基帕等人呼召。

對於一個不信、只顧物質和財富的人而言，任何一個冒著生命危險來傳福音的人都是神經失常的。有時，甚至連信徒也會這樣評價其他基督徒傳福音的舉措；你可有這方面的經歷？

在這段日子，保羅確實有多次得釋放的機會，但保羅卻刻意要上訴凱撒。從路加的記載看來，保羅在腓力斯面前受審問，給他留下的印象相當好，相對而言，腓力斯不敢苟同大祭司和幾位長老的指控。同樣，猶太人在非斯都面前對保羅的指控，亦不能得到證實。這一點，當非斯都將案情稟報亞基帕王時已經說得很清楚：

> ……我查不出他犯了甚麼該判死刑的罪；……關於這個人，我並沒有具體資料可以奏明皇上，……解送囚犯而不詳具案由是不合理的。(二十五25～27)

而亞基帕王也有類似的話：

> ……這個人並沒有犯甚麼該死或該囚禁的罪。……要是這個人沒有向皇上上訴，他早就被釋放了。(二十六31～32)

亞基帕與保羅的相遇

> 若你是保羅，你會選擇以這種上訴凱撒的方式到羅馬傳道嗎？試說明你的理由。

路加對亞基帕王和貝妮絲兩兄妹跟保羅的相遇，有非常詳細的描述，足足有47節之多(二十五13～二十六32)，較之前任何的審問詳細，究竟路加的用意何在？

雖然實際上，這次相遇可能反映非斯都的猶疑不決，先判定後諮詢(既決定了讓保羅上訴，但其實又不清楚情況，所以又要諮詢亞基帕王)，但在路加的表達上，這可能帶有另一種含意。路加把亞基帕王(和貝妮絲)的出現放在非斯都的最後判詞(二十五12)之後，可能是要把亞基帕描繪成猶太人的「凱撒」，事實上，亞基帕王亦確實是猶太人的王。

亞基帕王的出現，是「大排儀仗，浩浩蕩蕩地進入大廳；跟他同來的有各指揮官和城裏的顯貴」(二十五23)。這情景顯示了他的王者氣派。那些在場的「所有猶太人」代表了整個猶太民族。換言之，在文學的鋪排上，亞基帕王對保羅的審訊就好像是凱撒對保羅的審判，代表著整個羅馬帝國人民的審判。非斯都在亞基帕王面前的稟報(二十五13～22)，就是在羅馬凱撒面前稟報的前奏。保羅在亞基帕王面前的申訴，也如同在羅馬皇帝面前的申訴。

亞基帕王當然不是凱撒，但他的身分所代表的，卻十足十是猶太人的王。這樣，若亞基帕認為保羅是無罪，也就代表整個以色列民族的定案。留意路加在二十五章中曾經3次讓非斯都說明他(代表羅馬)的立場(二十五1～12，二十五14～21，二十五24～27)；在細節上，3次的描述當然有所不同，但非斯都的立場是明顯的：保羅是無罪的。這可說明：無論是猶太人，還是外邦人，都判定保羅是無罪的。那麼，路加記載非斯都和亞基帕的整個審問，是要說明甚麼呢？「要是這個人沒有向皇上上訴，他早就被釋放了。」(二十六32)

路加在保羅死後10多年憶述整件事情的過程，為要說明保羅這次在羅馬的上訴、這樣的死都是不必要的，是他自己的選擇，亦是上帝的心意(參二十七23～24)。

11.3 保羅在羅馬：使徒行傳之結 (二十七～二十八章)

釋經短註17

約公元60年秋，保羅連同其他囚犯一起被帶上一艘駛往羅馬的船隻。在這前往羅馬的路程中，路加又再次成為故事中的一分子(注意二十七章1節是以「我們」開始的)。路加要說出，保羅和同船的275人(二十七37)在海中遇難、險些喪生的充滿戲劇性的曲折故事，這不是一個猜想的創作或傳聞，而是他親身的經歷。留意路加那種日記式的記載是非常詳細的。整個航程足足用了3個多月時間(二十八11)。

期間，保羅曾預告航程有危險，但軍官不聽保羅的意見(二十七9～11)，結果令全船人陷入險境。這艘船在途中為猛烈的暴風雨所毀壞，並在馬耳他島沿岸擱淺(這至少已是保羅所經歷的第四次船隻失事了)。船隻雖然毀壞殆盡，但船上的乘客都安然無恙；這亦應驗了保羅從上帝所領受，並事先向全船人所宣告的異象，同時亦指出保羅這次到羅馬上訴是上帝的旨意(二十七23～26)。在馬耳他島過冬期間，有一次拾柴時，保羅的手不慎被毒蛇纏住，眾人因見保羅把蛇抖開而竟毫無損傷，因而將他視若神明(二十八3～6)。此外，保羅還醫好了島上一位酋長部百流的父親。此後，島上所有的病人都前來保羅處求醫而得治(二十八7～9)，而保羅也因此深得馬耳他人的愛戴。

3個月後，保羅登上了另一艘船，他在義大利的部丟利(Puteoli)上岸之後，便徒步前往羅馬。羅馬城內的基督徒們在亞比烏市的(Appian)市場迎接保羅，而這些人也伴隨保羅走完了他人生的最後一站。

在使徒行傳這次最後的航行中，保羅——雖然是囚犯——依然以一個領導者的姿態出現。在路加的描述中，保羅不單是屬靈的宗教領袖，因著他背後的上帝，他也成了危難中真正的領導者。路加藉著風暴、漂流、沉船等危機，把保羅描繪成真正的英雄。

對保羅在羅馬及之後的日子，路加記載得很少，只有16節(二十八16～31)。其中提及在上訴期間(可能是第一次上訴)，保羅獲准在羅馬士兵的看守下住在自己的房屋裏(二十八16、30)，足足有兩年之久。剛抵羅馬不久，保羅即主動約見當地的猶太人領袖，並宣講關乎耶穌的事情，沒有受到任何干涉。保羅很可能就在這段時期(公元60～62年)給各教會寫了幾封信件，包括以弗所書、腓立比書、歌羅西書和腓利門書(合稱為監獄書信)。

我們對保羅以後的日子所知無幾。福音派學者大多認為保羅因為罪名不成立而一度被釋放。他返回希臘、馬其頓及亞細亞等地繼續工作(根據教牧書信內容)，及後再返回羅馬，再次被囚。3封「教牧書信」就是在那段期間寫成的。早期教會傳統更指出保羅曾到訪西班牙，最後在羅馬被尼羅皇斬首而殉道。事情是否真的如此，我們亦不得而知。

任何人讀完使徒行傳都會有點意猶未盡的感覺，「這書就是這樣結束的嗎？」我們要欣賞路加的鋪排，最重要的是要掌握使徒行傳的寫作目的。使徒行傳不是要記述初代教會的發展經過，而是要藉著描述福音從耶路撒冷延伸至帝國之都羅馬的過程，帶出一個象徵意義：基督信仰已經成功地被傳到外邦世界去。這並非說，福音的傳講沒有受到攔阻，只是這些攔阻——不管是外來的逼迫，或是保羅的去世——並不能停止福音的廣傳。

保羅堅持要按上帝的旨意走上往羅馬的不歸路，這次的結果似乎也是他預先知道的。你雖不致面對死亡，但你會如何堅持在上帝面前所領受的使命，就是在逆境中也走下去呢？

有一件事值得我們留意，雖然路加沒有詳述保羅在羅馬的生活，但他卻藉著一件事，清楚重申保羅傳福音的一貫原則：先是猶太人、後是希臘人。保羅到達羅馬不久，便約見當地的猶太人領袖（二十八17～28）。他先向他們自辯：他並沒有干犯猶太人的規條（二十八17；另參二十二3～5，二十四11～16），也沒有犯該死的罪（二十八18；另參二十五8、11），他是被迫上訴凱撒（二十八19，二十五10～12），最重要的是保羅「之所以帶著這鎖鏈，原是為了以色列人所盼望的那一位」（二十八20；另參二十三6，二十四15、21，二十六6～8、23）。之後，他照常向他們講解福音，他們「對於他所說的話，有的信，有的不信。他們彼此不能同意，就散開了」（二十八24～25）。最後，保羅還引用了以賽亞書六章9至10節的話責備他們：

> 以賽亞說：你去告訴這人民：你們聽了又聽，卻不明白，看了又看，卻看不見。因為這人民心智閉塞；他們塞住了耳朵，閉上了眼睛。不然，他們的眼睛就會看見，耳朵也會聽見，心裏領悟，回心轉意，我就治好他們。（二十八26～27）

這是怎樣的一回事呢？難道上帝不是想猶太人明白、悔改嗎？作者（或先知以賽亞）用傳統先知的表達方式，把永恆的上帝所看到（或預知）的事情結果，表達成上帝的目的。

其實，我們有時也會採用這種表達方式，舉個例子：一家三口去遠足，走到一個分叉路口時，父母認為應該向左邊行，因為他們走過這條路，知道這邊比較平坦易走，但他們那頑梗、10多歲的孩子卻硬要走右邊的路。雙親勸告兒子失敗後，母親對父親說：「由他罷，好讓他跌一跤，甚至迷路，然後他就會回頭。」

按以賽亞書六章9節至10節記載，上帝差派先知以賽亞到猶大宣講悔改的信息，雖然早已預知他必定會失敗，但上帝仍然要差遣他去，並不因有人抗拒而放棄。這段經文在新約聖經中曾多次被引用（參可四10～13；約十二40；另參羅十一1～10），都是帶出上帝遭人拒絕的現實和不放棄的態度；這多少反映早期教會的基督徒向猶太人傳福音時的際遇和心志。

保羅在傳道生涯裏一直尊重猶太人在上帝救贖計劃中的優先位置，因此，他一直都以「先是猶太人、後是希臘人」為他傳福音事工的原則，而路加在使徒行傳亦實在見證了此點。然而，保羅愈是向猶太人傳福音，似乎就愈證明他們的心眼是被蒙蔽的，不然，他們就會悔改。路加在書末記述這事，確實令人難過，彷彿要説：初代教會向猶太人傳福音的工作將要告吹，因為是他們自己拒上帝於門外！

保羅一直都以向猶太人傳福音為先，但保羅愈是愛他們，卻愈是受到他們的攻擊。在你事奉的日子中，有否類似的經歷？

然而，路加並不以人對福音的拒絕為最後的結語。相反地，使徒行傳最後的一句話是：**「他大膽地宣揚上帝國的信息，教導有關主耶穌基督的事，沒有受到甚麼阻礙。」**（二十八31）這意味著福音的進程是藉著上帝忠心的僕人，帶著聖靈那種無堅不摧的能力，勝過一切人的拒絕和攔阻。保羅雖然幾經捆綁，但上帝的話卻不被捆綁。

路加筆下的保羅，就是這樣一個為上帝的國、為福音完全無私且爭取時間事奉的人。他有恐懼，但從不退縮；他有軟弱，但上帝的恩典更大。保羅不單是外邦人的使徒，更是一位真正的傳道者。他一生沒有違背從天上來的異象，只是努力面前的，向著標杆直跑，成就他從主耶穌所領受的職事，證明上帝恩惠的福音。今天的華人教會，就如眾多的外邦教會一樣，是這位偉大使徒工作的果效，是他的喜樂、冠冕和榮耀(腓四1；帖前二19～20)。

釋經短註

1. 二十一20：雅各指出在耶路撒冷有「數以萬計的信徒，他們都是嚴守摩西法律的」。這可說明基督教會在耶城的情況；有很多猶太人聲稱自己是基督徒，但依然謹守摩西的律法。

2. 二十一24：由於保羅長期居住在外邦人中間，所以他未進入聖殿之先，理應先行潔淨禮。雖然經文沒有清楚指明那4個弟兄所許的願是甚麼，但按文中的記載，這可能是拿細耳人的願(民六2～12)；這願的內容主要是在一段日子內，許願的人要在上帝面前立志，分別為聖。《現修》譯作「離俗人的願」。

3. 二十一28：任何企圖進入聖殿外院的範圍之內的外邦人，都有機會因褻瀆聖殿的罪名被猶太人處死。

4. 二十一32：《和合本》分別稱「指揮官」和「軍官」為「千夫長」和「百夫長」。

5. 二十一37：安東尼亞堡位於聖殿區的北端，要經過兩層階梯方可到達，是大希律為確保自身的安全而建造的。這營堡(營房)很可能亦是彼拉多審判耶穌之處(約十八28)。

6. 二十一37：指揮官的話：「你也懂希臘話！」可能帶有諷刺口吻，因為當時一般人都懂希臘語。不過，這話也可能表示他的驚訝，因為他先入為主，並沒預期在耶路撒冷的猶太人可以好像保羅那樣操流利的希臘語。

7. 二十二2：希伯來語和亞蘭語是兩種頗為相近的語言；在新約時代，希伯來語的字母與亞蘭語的字母幾乎是相同的。

8. 二十二14、17～21：留意文中保羅故意採用了一些相當傳統的字眼，例如他稱上帝為「我們祖先的上帝」(創四十三23，四十六3；出三13；申一11)，又避免直稱耶穌，而用「他公義的僕人」代替。此外，留意保羅在17至21節提及的異象(未見於九章1至31節或之後在二十六章2至23節的一次申訴)是發生在聖殿裏的，可見保羅的表達非常謹慎。

9. 二十二25～30：路加花了相當多的篇幅，交代保羅與羅馬指揮官之間就羅馬公民籍的對話(另參十六37～39)，這段小小的插曲對於整個故事的發展其實並沒有重大的意義，但卻讓我們看到保羅的機警和態度(留意在整段對話中保羅的語氣)。另外，值得留意一點：保羅對他的羅馬公民權的執著，確實是導致他上奏凱撒的原因之一。

10. 二十三12：讀者不用擔心這班人因為殺不了保羅而飢渴至死，因為猶太拉比傳統中有好些方法可以解除誓言(這也是主耶穌在登山寶訓中責備猶太人輕易起誓的原因)。

11. 二十三26：腓力斯於公元52至59/60年出任猶太總督，他當時駐守在猶太省會凱撒利亞。現存的文獻均指出這位腓力斯是非常殘暴和不道德的。

12. 二十四5：新約聖經只有這處用耶穌的家鄉拿撒勒作為他的福音運動的名稱。

13. 二十四24～25：腓力斯的妻子土西拉(Drusilla)是亞基帕二世和貝妮絲(二十五13～27)的妹妹。土西拉起初下嫁給敘利亞地區的埃梅薩(Emesa)王，但結婚不久，腓力斯便借助一名塞浦路斯的術士把她引誘，成為自己第三位妻子，她當時只有16歲。路加在這裏特別提及，當腓力斯和土西拉聽保羅討論良善、節制和將來的審判等教訓時，感到不安，甚至恐懼，認為這些教訓是針對著他們。

14. 二十五8、10～11：當時的羅馬皇帝，一般稱為「凱撒」。這名稱本是鼎鼎大名的猶流．凱撒(Julius Caesar)的姓氏，由於繼後的幾位羅馬皇帝都與他有親屬關係，所以這姓氏就逐漸帶有「皇帝」的意思。

15. 二十五13：文中提及的「亞基帕王」即亞基帕王二世，是大希律的曾孫。當時他專責巴勒斯坦的事務。他與同父異母的妹妹貝妮絲之間的曖昧關係是人所共知的。

16. 二十六22：文中的「先知和摩西」指當時的聖經(即舊約聖經)；這是聖經中惟一的一次把「摩西五經」和「先知(書)」的次序倒轉。

17. 二十七9：儘管航海技術的水準提高了，但當時大部分的船隻仍然只在5月與9月之間航行。古時的人一般依靠太陽和星星的位置導航，但冬季的天空常常是陰暗的，所以船隻在冬季會停留在港口。照文中的描述，這時候大概是10月，所以不是適合航行的時候。

溫習問題

1. 保羅返回耶城之後，除了向教會匯報事工的發展外，為何要行潔淨之禮(二十一17～26)？
2. 試描述保羅返回耶城後的羣眾騷亂(二十一27～31、37～38)。他在猶太人面前申辯時，為何反而引起更大的騷動(二十二1～23)？
3. 在二十三章1至10節中，路加描述猶太人與保羅是因何事而發生衝突？
4. 有40個猶太人密謀要殺保羅，但官長卻以470人保護保羅。從這對比中，你可否發現保羅對這兩班人有何重要(二十三12～22、23～35)？
5. 對於羅馬官及總督而言，保羅的案件是屬於哪一類的訴訟，以致他們遲遲不定保羅的罪(二十二24～25、30，二十三27～30)？
6. 路加對亞基帕王和貝妮絲跟保羅的相遇有非常詳細的描述，其用意何在(二十五23～27)？
7. 在二十六章中，保羅在亞基帕王面前申辯的言詞中，如何敘述自己信主的經過與工作的情況(參12～23節)？
8. 路加很詳細地描述保羅乘船到羅馬途中的經歷。從這些經歷可如何看到保羅沒有一刻放下從上帝所領受的使命(參二十七章)？
9. 路加在書末再次記載保羅向猶太人傳福音但不歡而散的事(二十八23～29)，你覺得他的用意何在？
10. 路加以二十八章31節作為全書的結束。你認為這一節經文如何回應耶穌在一章8節所頒布的大使命？

緊扣時代　服事教會

以文字傳揚基督真道

讀者意見表

衷心多謝你購買本社書籍。本社一直致力以出版事工服事教會，幫助信徒扎根於神的話語，促進靈命增長。為使我們的出版更能滿足你的需要，請填寫下列各項資料，並寄回或傳真予本社。

所購書籍：________________

本書最吸引你的地方：
□作者　□適切性　□文筆　□設計　□實用性
□其他：________________

購買本書地點：
□基道書樓　□基督教書店　□非基督教書店

性別：□男　□女　職業：________________

信仰：□基督徒　□非基督徒

年齡：□ 16 歲或以下　□ 17～25 歲　□ 26～35 歲
□ 36～55 歲　□ 56 歲或以上

學歷：□中三或以下　□中五　□預科
□大學　□研究院

□我欲更多了解基道出版社的事工及考慮支持，請寄給我下列資料：
□機構簡介　□新書資料　□基道會員通訊
□《基道文字事工通訊》

姓名：________________ 電話：________________

地址：________________

____

傳真：________________ 電子郵件：________________

其他意見：________________

____

多謝賜教！

意見表可以傳真（2687-0281）或直接郵寄以下地址：
香港沙田火炭坳背灣街26號富騰工業中心1011室
基道出版社編輯部收